Caderno do Futuro
Simples e prático

Ciências

4º ano
ENSINO FUNDAMENTAL

3ª edição
São Paulo - 2013

IBEP

Coleção Caderno do Futuro
Ciências
© IBEP, 2013

Diretor superintendente Jorge Yunes
Gerente editorial Célia de Assis
Aseessora pedagógica Valdeci Loch
Assistente editorial Érika Domingues do Nascimento
Revisão Luiz Gustavo Micheletti Bazana
Coordenadora de arte Karina Monteiro
Assistente de arte Marilia Vilela
Tomás Troppmair
Nane Carvalho
Carla Almeida Freire
Coordenadora de iconografia Maria do Céu Pires Passuello
Assistente de iconografia Adriana Neves
Wilson de Castilho
Produção gráfica José Antônio Ferraz
Assistente de produção gráfica Eliane M. M. Ferreira
Projeto gráfico Departamento Arte Ibep
Capa Departamento Arte Ibep
Editoração eletrônica N-Public

CIP-BRASIL. CATALOGAÇÃO-NA-FONTE
SINDICATO NACIONAL DOS EDITORES DE LIVROS, RJ

P32c

Passos, Célia
   Ciências : 4º ano / Célia Maria Costa Passos, Zeneide Albuquerque Inocêncio da Silva. - 3. ed. - São Paulo : IBEP, 2013.
   il. ; 28 cm.   (Caderno do futuro)

   ISBN 978-85-342-3507-5 (aluno) - 978-85-342-3512-9 (mestre)

   1. Ciências - Estudo e ensino (Ensino fundamental). I. Silva, Zeneide II. Título. III. Série.

12-8664.   CDD: 372.35
                                           CDU: 373.3.016:5

27.11.12 28.11.12   040998

3ª edição - São Paulo - 2013
Todos os direitos reservados.

IBEP

Av. Alexandre Mackenzie, 619 - Jaguaré
São Paulo - SP - 05322-000 - Brasil - Tel.: (11) 2799-7799
www.editoraibep.com.br   editoras@ibep-nacional.com.br

CTP, Impressão e Acabamento IBEP Gráfica
30770

SUMÁRIO

BLOCO 1 4

Forma da terra
Os movimentos da Terra
Lua
- As fases da Lua
- Eclipse lunar

O calendário
Estações do ano
Pontos cardeais
Constelação
Referências locais

BLOCO 2 20

Matéria – estados físicos da matéria
A água no nosso planeta
Ciclo da água
Mudanças de estados físicos da água

BLOCO 3 30

Atmosfera
O ar
Formação dos ventos

BLOCO 4 34

Crosta terrestre
Solo
Erosão
Tipos de solo e vegetação

BLOCO 5 41

O som e a vibração da matéria
A luz, a sombra e os materiais

Combustão como fonte de calor
O uso de combustíveis

BLOCO 6 51

Animais nativos, domésticos e urbanos
Seres vivos peçonhentos e venenosos
O comportamento dos animais e o ambiente
Nutrição das plantas e dos animais
Os seres vivos e sua utilidade
Animais e plantas ameaçados de extinção

BLOCO 7 61

Sistema digestório
Sistema circulatório
Sistema respiratório
Sistema urinário
Sustentação e locomoção

BLOCO 8 73

Origem dos alimentos
Função dos alimentos
Vitaminas
A importância da alimentação
A conservação dos alimentos
Os alimentos e a saúde

BLOCO 9 83

Poluição e saúde
A água e seu tratamento
O saneamento básico
Energia elétrica
Economizando energia elétrica e água

BLOCO 1

CONTEÚDOS:

- Forma da Terra
- Os movimentos da Terra
- Lua
  - As fases da Lua
  - Eclipse lunar
- O calendário
- Estações do ano
- Pontos cardeais
- Constelação
- Referências locais

Lembre que:

- A Terra tem a **forma arredondada**, quase esférica, em virtude de um pequeno achatamento nos polos.

	Diâmetro	Circunferência
No Equador	12.756 km	40.075 km
Nos polos	12.713 km	40.008 km
Diferença	43 km	67 km

1. Copie o texto abaixo, retirando o **não** quando necessário, para que as afirmações fiquem corretas:

As fotos da Terra tiradas por astronautas não deixam dúvida: nosso planeta **não** tem forma quase esférica. **Não** seria esférica se **não** fosse por um pequeno achatamento nos polos.

2. Quais são as medidas da circunferência da Terra no Equador? E nos polos?

3. O que se pode concluir conhecendo essas medidas?

Lembre que:

- **Rotação** é o movimento da Terra em torno de seu próprio **eixo** (linha imaginária que vai de um polo a outro, passando pelo centro do planeta).
  - O movimento de rotação determina os dias e as noites;
  - Uma volta completa da Terra em torno do seu eixo ocorre a cada 24 horas.

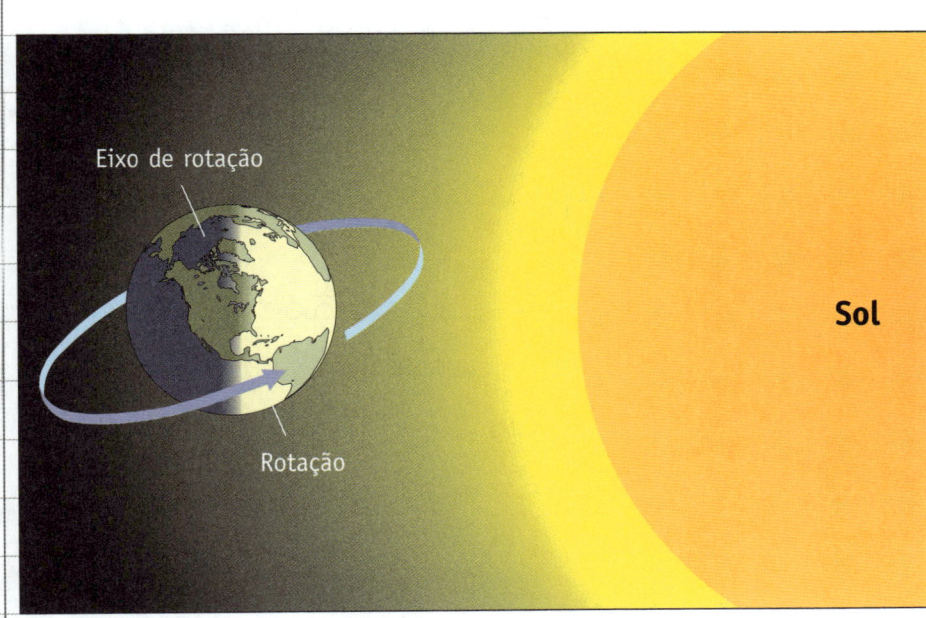

A proporção da Terra em relação ao Sol não corresponde à realidade.

Lembre que:

- **Translação** é o movimento da Terra ao redor do Sol.
  - A Terra leva 1 ano para completar uma volta ao redor do Sol.

Lembre que:

- Nas diferentes regiões da Terra, a temperatura e a duração do dia e da noite variam muito ao longo do ano. Isso ocorre porque o eixo de rotação da Terra está inclinado em relação à sua órbita.

Estações	Início: Junho	Início: Dezembro	Dias	Noites
Verão	Hemisfério Norte	Hemisfério Sul	Longos	Curtas
Inverno	Hemisfério Sul	Hemisfério Norte	Curtos	Longas

O movimento de translação

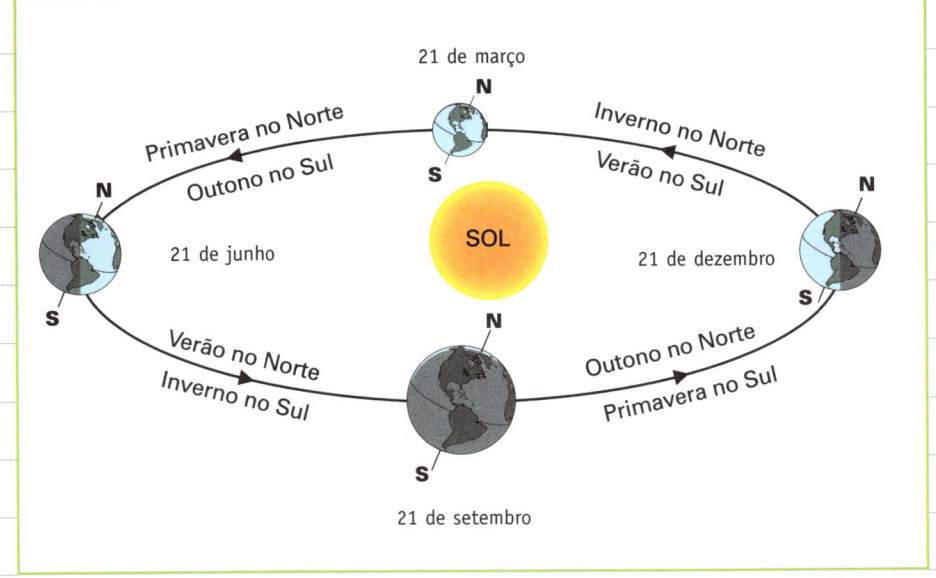

Observe que as estações do ano são opostas nos hemisférios da Terra.

5

4. Como se chama o movimento da Terra em torno do seu próprio eixo?

5. Como se chama o movimento da Terra ao redor do Sol?

6. O que é o eixo da Terra?

7. Qual movimento da Terra determina os dias e as noites?

8. Quanto tempo a Terra leva para completar uma volta ao redor do Sol? E em torno de seu próprio eixo?

9. Escolha no quadro as palavras que tornam as afirmações corretas:

> inclinação - junho - verão
> inverno - dezembro

a) No _____, os dias são mais longos que as noites.

b) No _____, as noites são mais longas que os dias.

c) Em _____ é verão no Hemisfério Norte e inverno no Hemisfério Sul.

d) Em _____ é verão no Hemisfério Sul e inverno no Hemisfério Norte.

e) A _____ do eixo da Terra é responsável pela variação na duração dos dias e das noites.

Lembre que:

- A **Lua** é o satélite natural da Terra. É um astro que gira ao redor do nosso planeta.
  - Não tem atmosfera;
  - não possui luz própria, sendo iluminada pelo Sol.

- **Fases da Lua** são as formas como a Lua é vista da Terra; dependem da posição da Lua e da Terra em relação ao Sol. Cada fase dura aproximadamente 7 dias.

Lua Cheia	Lua Minguante	Lua Nova	Lua Crescente	Lua Cheia

Mês lunar – 29 dias e 12 horas

- De uma Lua Cheia à outra, passam-se 29 dias e 12 horas. Esse ciclo é chamado de "mês lunar".

Lua Cheia
A Lua parece um disco iluminado. Toda a face iluminada da Lua está voltada para a Terra.

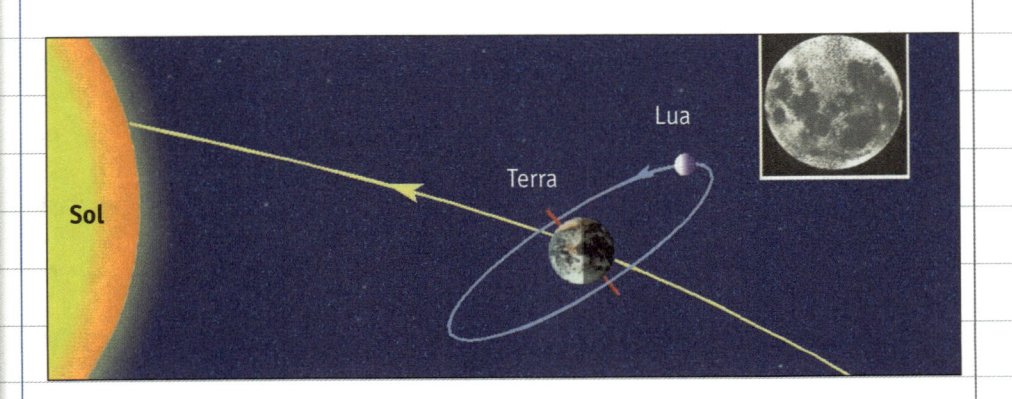

Lua Minguante
Conforme a Lua gira ao redor da Terra, a face iluminada, voltada para nós, vai diminuindo.

Lua Nova

A face iluminada não pode ser vista da Terra.

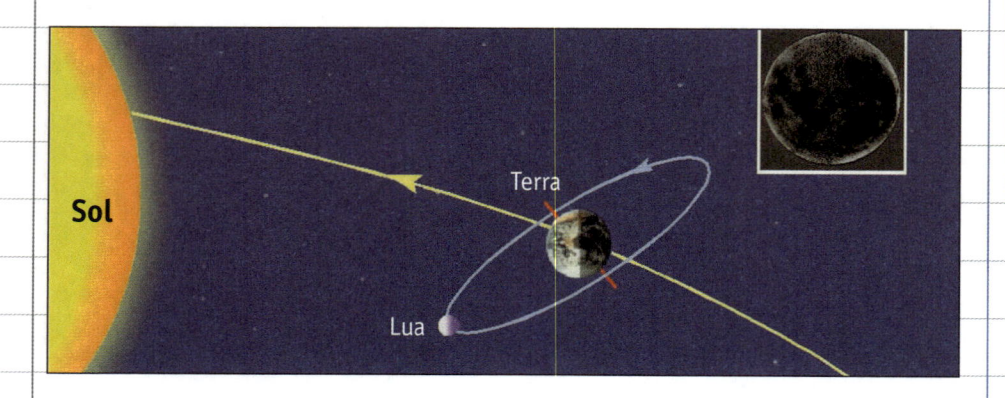

Lembre que:

- **Eclipse lunar:** ocorre quando a Terra fica entre o Sol e a Lua. Durante o eclipse, a Lua atravessa a sombra da Terra.

- Quando apenas parte da Lua fica encoberta, o eclipse é **parcial**. No eclipse **total**, a Lua fica totalmente encoberta pela sombra da Terra.

Lua Crescente

A Lua continua a girar e, a cada dia, a sua face iluminada vai se voltando para a Terra, até a Lua ficar "cheia" novamente.

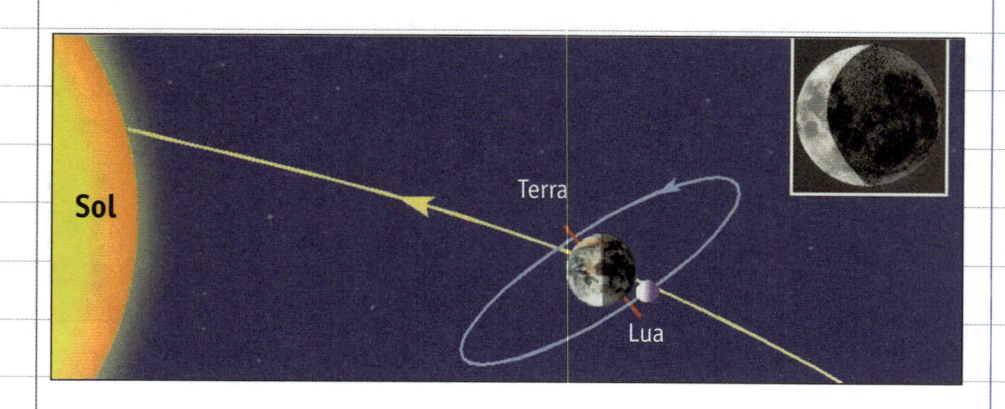

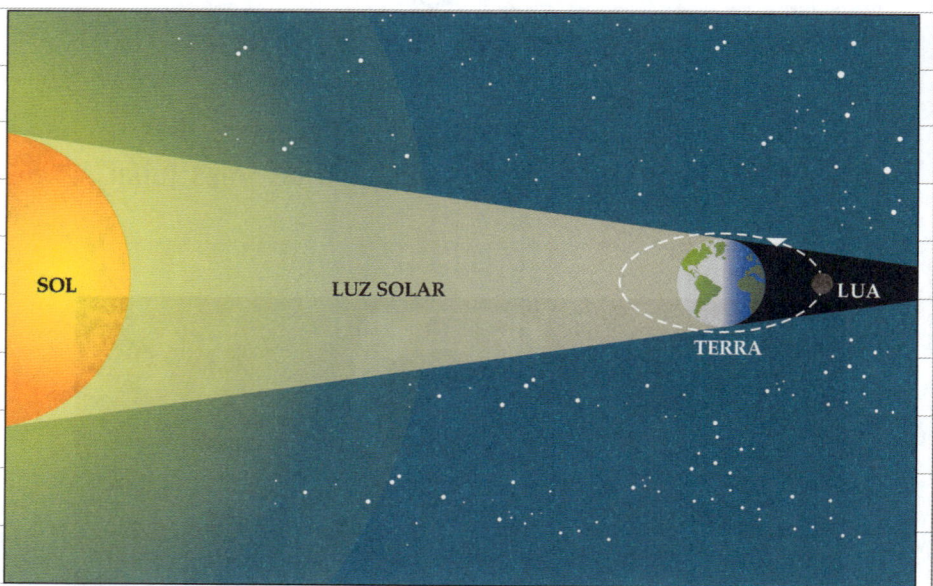

10. O que é a Lua?

11. Por que conseguimos enxergar a Lua?

12. O que são as fases da Lua?

13. Quais são as fases da Lua?

14. Do que dependem as fases da Lua?

15. Quanto tempo a Lua leva para mudar de fase?

16. Qual é a duração do mês lunar?

17. Marque a resposta correta. O eclipse lunar acontece quando:

( ) a Lua fica entre o Sol e a Terra.

( ) o Sol fica entre a Lua e a Terra.

( ) a Terra fica entre o Sol e a Lua.

18. Você já viu um eclipse lunar? Foi total ou parcial?

19. Quando ocorreu o último eclipse lunar no Brasil? Foi total ou parcial?

20. Em que fase a Lua se encontra hoje?

21. Pesquise e copie o trecho de uma música que fale sobre a Lua.

Agora, ilustre esse trecho.

Lembre que:

- **Calendário** é o sistema utilizado para se medir o tempo, marcar dias, meses e anos.
  - Dia: unidade básica; 24 horas.
- O movimento do Sol no céu, no decorrer do dia, é um movimento **aparente**. Na realidade, não é o Sol que gira ao redor da Terra, como parece. É a Terra que gira ao redor de si mesma.
  - Mês: 30, 31, 28 ou 29 dias.
  - Mês lunar: 29 dias e 12 horas.
  - Ano: 365 dias e 6 horas.
- O movimento de translação da Terra, associado à sua inclinação, determina as estações do ano. Esse período de tempo é o ano.

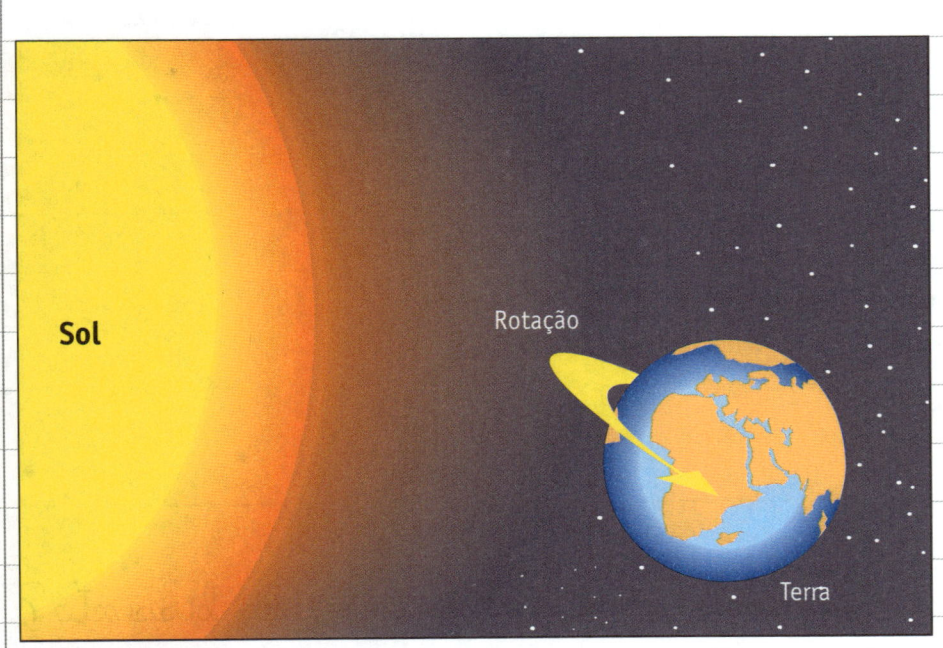

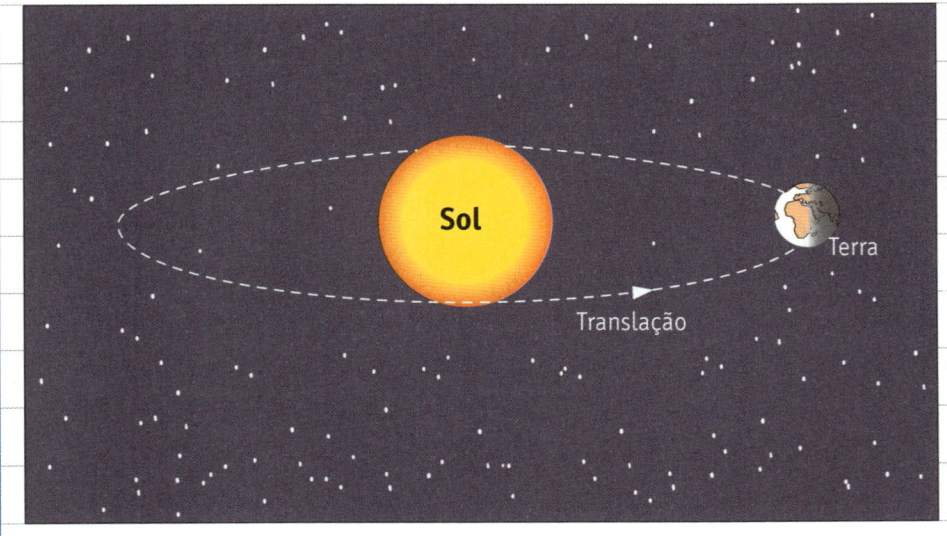

A Terra gira ao redor do Sol. Assim, temos os anos.

Lembre que:

- A cada 4 anos, acrescenta-se 1 dia ao mês de fevereiro. Fevereiro fica com 29 dias e o ano é bissexto. Exemplo: o ano de 2012 foi bissexto, então o próximo será 2016, depois 2020 e assim por diante.

A Terra gira ao redor de si mesma. Assim, temos os dias e as noites.

22. O que é calendário?

23. Em que se baseia o nosso calendário?

11

24. Como se chama a unidade básica do calendário?

25. Complete:

   a) O dia é o resultado do _____.

   b) O período de tempo em que ocorre a translação é chamado de _____.

26. Qual é a duração do:

   a) dia?

   b) mês?

   c) ano?

   d) mês lunar?

27. Complete:

   Um _____ tem duração de 365 dias e 6 horas, aproximadamente. A cada _____ anos realiza-se um ajuste no calendário. Acrescenta-se _____ dia ao ano. Nesses anos, chamados anos _____, o mês de fevereiro tem _____ dias e o ano _____ dias.

28. Escreva o nome dos meses que têm 30, 31 e 28 ou 29 dias.

30 dias	31 dias	28 ou 29 dias

29. Quando será o próximo ano bissexto?

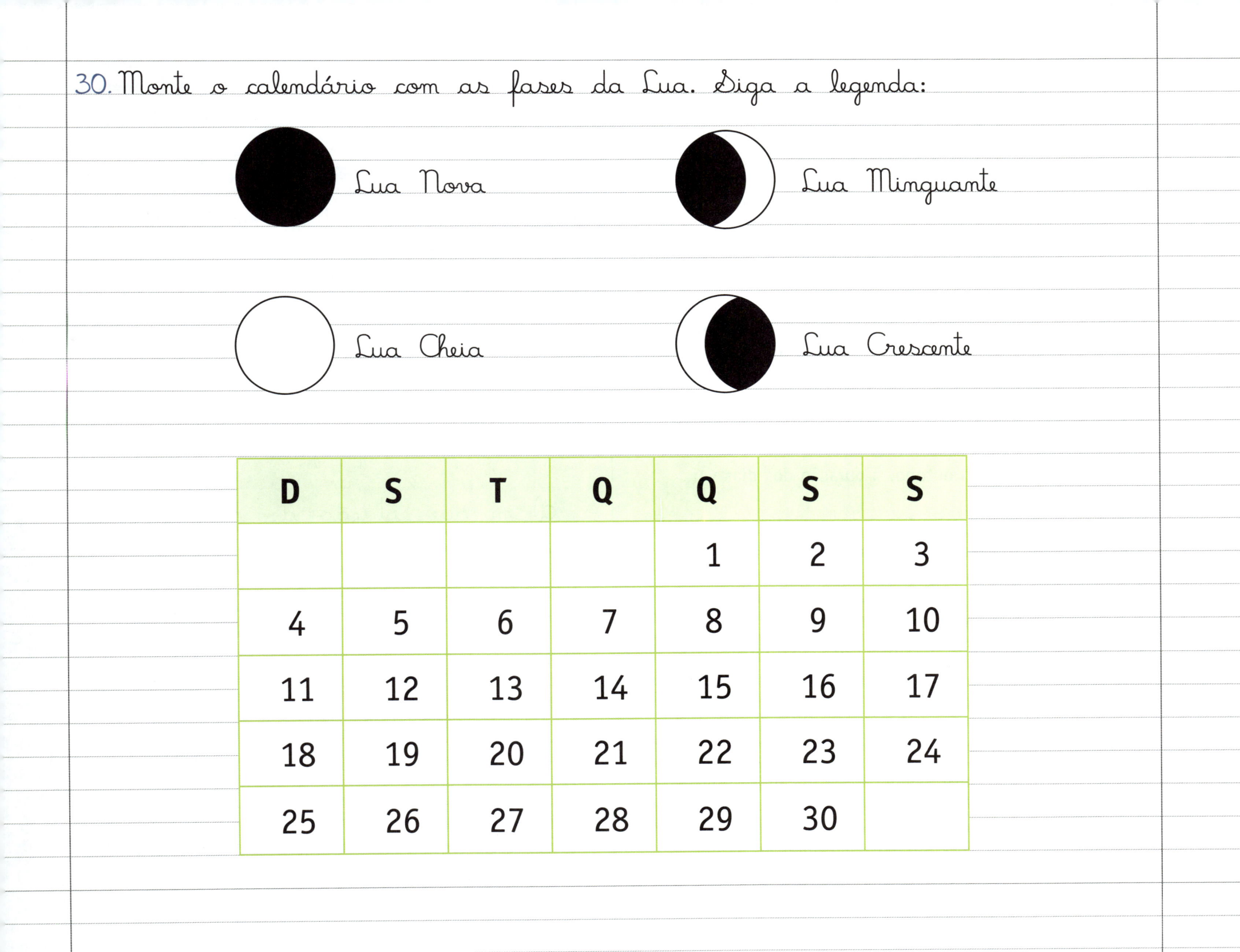

30. Monte o calendário com as fases da Lua. Siga a legenda:

● Lua Nova ☾ Lua Minguante

○ Lua Cheia ☽ Lua Crescente

D	S	T	Q	Q	S	S
				1	2	3
4	5	6	7	8	9	10
11	12	13	14	15	16	17
18	19	20	21	22	23	24
25	26	27	28	29	30	

Lembre que:

Verão
- O verão começa no dia mais longo do ano (21 de dezembro, no Hemisfério Sul).
- O verão termina quando o dia e a noite têm a mesma duração.
- Durante o verão, os dias são mais longos do que as noites.
- Conforme passa o verão, a duração dos dias vai diminuindo.

Outono
- O outono começa quando o dia e a noite têm a mesma duração, no final do verão (21 de março, no Hemisfério Sul).
- Durante o outono, os dias têm duração menor do que as noites.
- Conforme passa o outono, a duração dos dias vai diminuindo.

Inverno
- O inverno começa na noite mais longa (21 de junho, no Hemisfério Sul).
- O inverno termina quando o dia e a noite têm a mesma duração.
- Durante o inverno, as noites são mais longas do que os dias.
- Conforme passa o inverno, a duração dos dias vai aumentando.

Primavera
- A primavera começa quando o dia e a noite têm a mesma duração, no final do inverno (23 de setembro, no Hemisfério Sul).
- Durante a primavera, os dias têm duração maior do que as noites.
- Conforme passa a primavera, a duração dos dias vai aumentando.

31. Quanto tempo dura, aproximadamente, cada uma das estações do ano?

32. Como são os dias no verão? E no inverno?

33. Responda às perguntas:

a) Em que estação do ano nós estamos?

b) Qual é a estação do ano de que você mais gosta?

c) Que tipo de roupa você costuma vestir no inverno?

34. Quando tem início o verão no Hemisfério Sul? E o inverno?

35. Pesquise e responda. O que quer dizer:

   a) solstício de verão?

   b) solstício de inverno?

36. O que é equinócio?

37. Quando termina o outono no Hemisfério Sul? E a primavera?

38. Em 21 de março e 23 de setembro iniciam-se duas estações do ano. Quais são elas?

39. Assinale a afirmativa correta:

   ( ) No inverno, os dias são mais longos do que as noites.

   ( ) No inverno, as noites são mais longas do que os dias.

   ( ) No inverno, os dias e as noites têm a mesma duração.

40. Faça um desenho de como está o dia hoje:

Lembre que:

- Para determinar a posição dos **pontos cardeais**, tendo o Sol como referência, basta estender o braço direito na direção do nascente (região do horizonte onde o Sol nasce, a **leste**). O braço esquerdo deve apontar para o poente (região do horizonte onde o Sol se põe, a **oeste**). Nessa posição, à frente estará o **norte** e, às costas, o **sul**.

- Observe que na ilustração abaixo é possível identificar os pontos cardeais através da movimentação aparente do Sol; no lado superior direito foi inserida a rosa dos ventos, esta imagem é utilizada como representação dos pontos cardeais em mapas e na navegação.

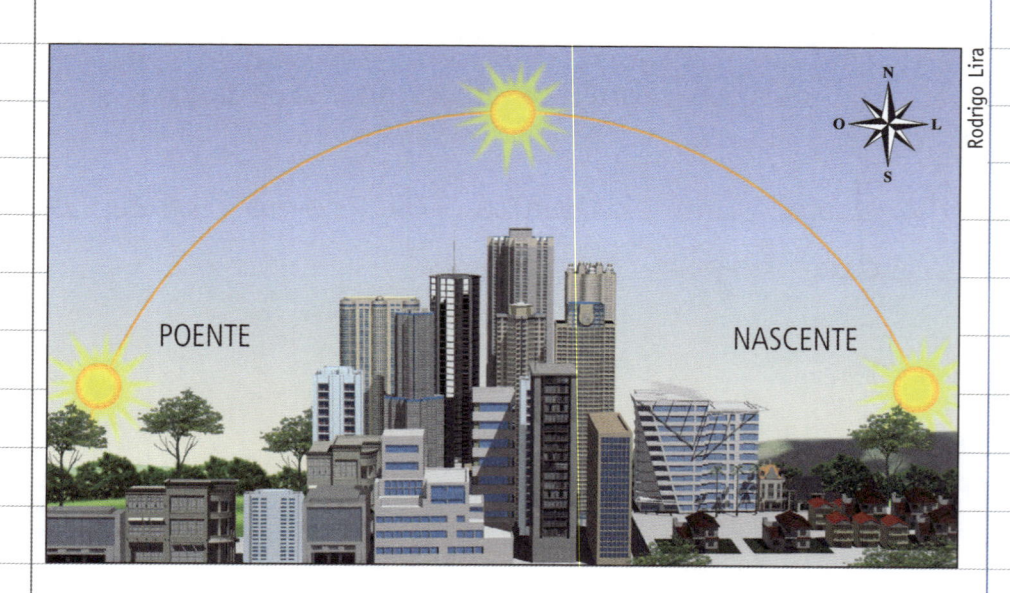

Lembre que:

- **Constelação** é um agrupamento de estrelas.
- No céu do Brasil aparece a constelação do Cruzeiro do Sul, formada por cinco estrelas. As quatro maiores parecem formar uma cruz. A menor, por não fazer parte da cruz imaginária, ganhou o apelido de "Intrometida".
- Nós podemos encontrar a região sul com a ajuda da constelação Cruzeiro do Sul. Para isso, precisamos localizar essa constelação no céu e imaginar a cruz formada por suas estrelas. Depois, prolongamos a "perna" da cruz por quatro vezes e meia o seu comprimento. Onde ela parar, puxamos uma linha para baixo, em direção ao horizonte. Teremos, então, encontrado a direção sul.

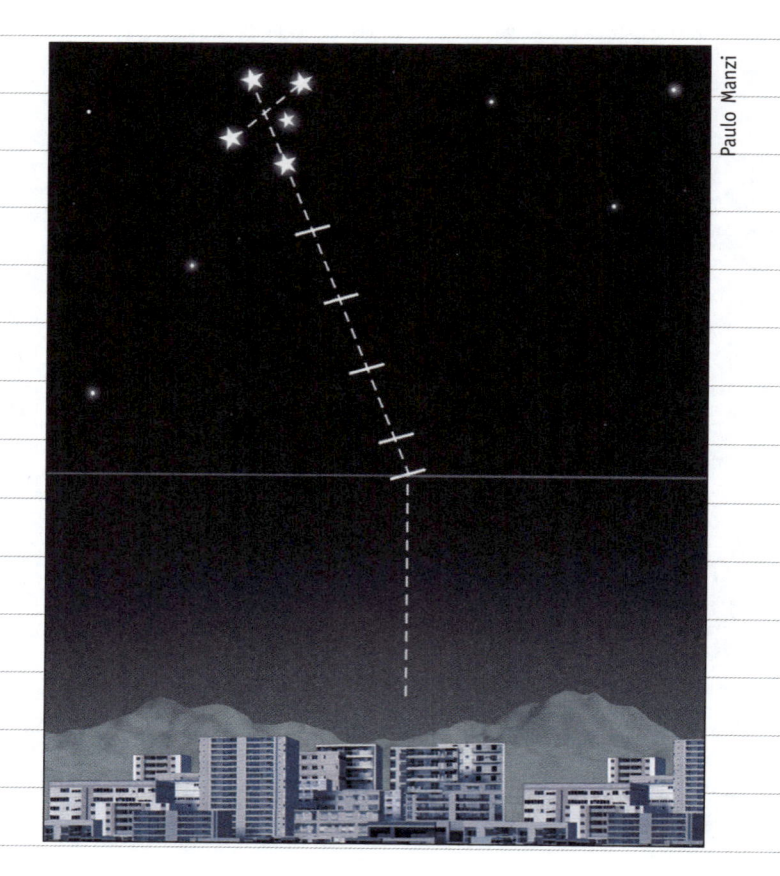

> **Lembre que:**
> - O Sol e as outras estrelas parecem se movimentar no céu na direção leste-oeste. Esse movimento é aparente. É a rotação da Terra que nos dá a impressão de movimento.

41. Dê o nome da região onde:

   a) o Sol nasce.

   b) o Sol se põe.

42. Quantos e quais são os pontos cardeais?

43. Complete as frases:

   a) O Sol nasce a _____ e se põe a _____.

   b) As estrelas descrevem no céu uma trajetória do _____ para o _____.

   c) O movimento do Sol e das estrelas é _____. É a _____ da Terra que nos dá a _____ de movimento.

44. Como determinar a posição dos pontos cardeais usando o Sol como referência?

45. O que são constelações?

46. Pesquise e escreva o nome de três constelações:

Lembre que:

- As características de um lugar, que utilizamos para identificar um caminho, ou mesmo o próprio lugar, chamam-se **referências locais.**
- Exemplos: igreja, ponte, praça etc.

47. Faça um desenho do caminho da sua sala de aula para a secretaria.

48. Escreva duas referências locais que indiquem a localização da sua escola.

49. Um amigo quer visitar você. Escreva um bilhete para ele, ensinando-o a chegar até sua casa.
Atenção! O ponto de partida é a escola.

50. Agora, desenhe um mapa usando as referências locais que você escreveu para seu amigo.

BLOCO 2

CONTEÚDOS:
- Matéria – estados físicos da matéria
- A água no nosso planeta
- Ciclo da água
- Mudanças de estados físicos da água

Lembre que:

- **Matéria** é tudo aquilo que tem massa e ocupa lugar no espaço. As pessoas, os animais, as plantas, a Terra, o ar, a água, o solo, os objetos, enfim, tudo o que existe é matéria.
- A matéria pode estar em três estados físicos: **sólido**, **líquido** e **gasoso**.

Estados Físicos	Características	Exemplos
Sólido	Tem forma definida.	Pedras, madeira, ferro...
Líquido	Não tem forma definida; toma a forma do recipiente em que está contido.	Água, álcool, óleo...
Gasoso	Não tem forma definida.	Ar, gases, vapor de água...

matéria no estado gasoso

matéria no estado líquido

matéria no estado sólido

Davidson França

1. O que é matéria?

2. Complete as frases:

   a) O ar é matéria no estado _____.

   b) A pedra é matéria no estado _____.

   c) O refrigerante é matéria no estado _____.

   d) O vapor de água é matéria no estado _____.

   e) O óleo é matéria no estado _____.

   f) O livro é matéria no estado _____.

   g) O gás de cozinha é matéria no estado _____.

3. Ordene as palavras e escreva a frase:

   > sólido - matéria - encontrada - ser estados - líquido - e - A - pode nos - gasoso

4. Teste seus conhecimentos:

   a) Em que estados físicos a matéria pode ser encontrada na natureza?

   b) Em que estado físico se encontra o gelo?

   c) Em que estado físico se encontra o ar que respiramos?

21

5. Pesquise e cole figuras que representem a matéria nos estados sólido e líquido:

Sólido	Líquido

Lembre que:

- 3/4 do planeta Terra são cobertos de água; 1/4 é de terras não submersas.
- A maior parte da **água do planeta** é **salgada** (nos oceanos e mares). Ela é salgada porque contém cloreto de sódio em grande quantidade. Cerca de 5/6.
- **Água doce** é encontrada nas geleiras, no subsolo (em lençóis subterrâneos), nos riachos, nos rios, nas cachoeiras, nos lagos. Cerca de 1/6.

Lembre que:

- **Salinas:** são reservatórios para onde a água do mar é conduzida. A água passa por um processo de evaporação, deixando o sal (cloreto de sódio), que é recolhido, purificado, iodado e ensacado para ser vendido.
- **Ciclo da água:** com o calor do Sol, parte das águas dos rios, lagos e mares evapora e transforma-se em **vapor de água** no ar, que sobe e se condensa, formando gotículas de água e cristais de gelo: são as **nuvens**. Essas gotículas juntam-se, ficam pesadas e caem como **chuva**. A água corre pelos lençóis subterrâneos e rios em direção aos mares e lagos.

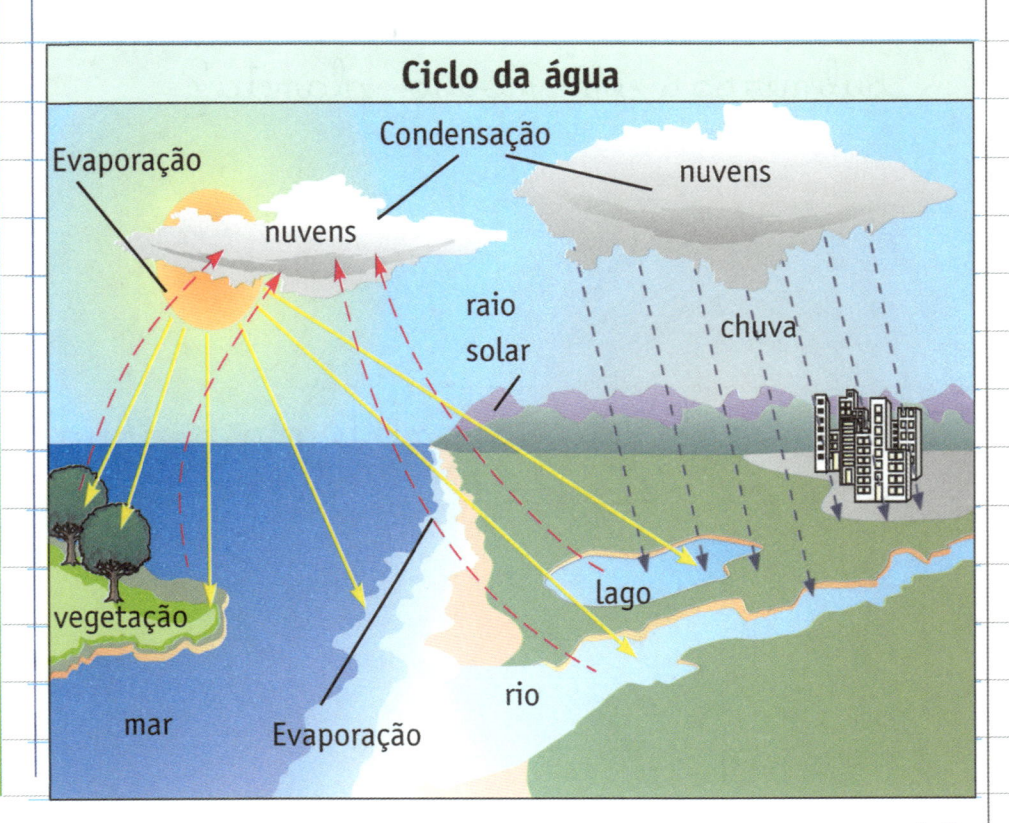

Veja no gráfico as proporções entre água e terra do nosso planeta, bem como de água salgada e água doce.

3/4 água

1/4 terra não submersa

5/6 água salgada

1/6 água doce

Ciclo da água

Evaporação — nuvens
Condensação — nuvens
raio solar
chuva
vegetação
lago
mar
Evaporação
rio

Lembre que:

- **Granizo** (ou chuva de pedra): ocorre quando gotículas de água se esfriam muito rápido e chegam ao solo na forma de pequenas pedras de gelo.
- **Neblina:** forma-se quando a condensação do vapor de água ocorre perto da superfície terrestre.
- **Orvalho:** forma-se quando a condensação do vapor de água ocorre sobre a superfície de objetos e plantas, durante a noite.
- **Geada:** ocorre em noites muito frias, quando o vapor de água, em contato com a superfície de objetos e plantas, congela.

6. Qual é a proporção de terras submersas e de terras não submersas em nosso planeta?

7. No nosso planeta, existe mais água doce ou salgada?

8. Por que a água dos oceanos é salgada?

9. Complete as frases com as palavras do quadro:

evaporam - condensa - nuvens - chuva

a) As águas dos rios, lagos e mares _____.

b) O vapor produzido sobe e se _____ em gotículas de água. Essas gotículas formam as _____.

c) As gotículas se juntam, ficam pesadas e caem como _____.

10. Como se dá a ocorrência de:

a) granizo?

b) orvalho?

c) geada?

d) neblina?

11. Como podemos utilizar a água em nossa vida?

12. Em qual etapa do seu ciclo a água encontra-se misturada com o ar?

13. Explique a função do calor no ciclo da água.

14. Onde pode ser encontrada água doce?

15. O que são salinas?

16. Como é popularmente chamado o cloreto de sódio?

17. Ilustre o ciclo da água na natureza:

Lembre que:

- A água pode ser encontrada na natureza em três estados físicos: **sólido**, **líquido** e **gasoso**.
- A água passa de um estado físico para outro por causa das mudanças de temperatura.
- As mudanças de estado físico da água são:
  - **Fusão:** passagem do estado sólido para o estado líquido.
  - **Vaporização:** passagem da matéria do estado líquido para o estado gasoso.
  - **Condensação:** passagem da matéria do estado gasoso para o estado líquido.
  - **Solidificação:** passagem do estado líquido para o estado sólido.

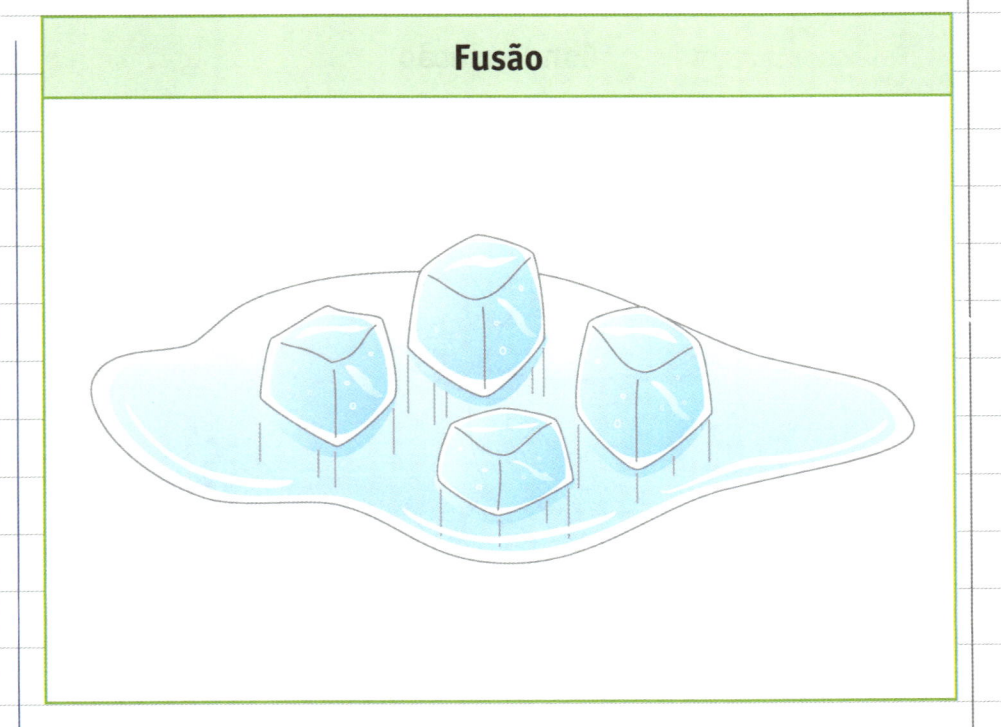

Fusão

Mudanças de estado físico da água

fusão: gelo derrete

vaporização: água ferve, evapora

sólido → líquido → gasoso

solidificação: água no congelador transforma-se em gelo

condensação: vapor encontra temperatura mais baixa e transforma-se em gotículas de água

Vaporização

Condensação

Solidificação

18. Em quais estados físicos a água pode ser encontrada na natureza?

19. Por que a água passa de um estado físico para outro?

20. Escreva nomes de formações ou lugares da natureza onde encontramos a água nas formas sólida, líquida e gasosa:

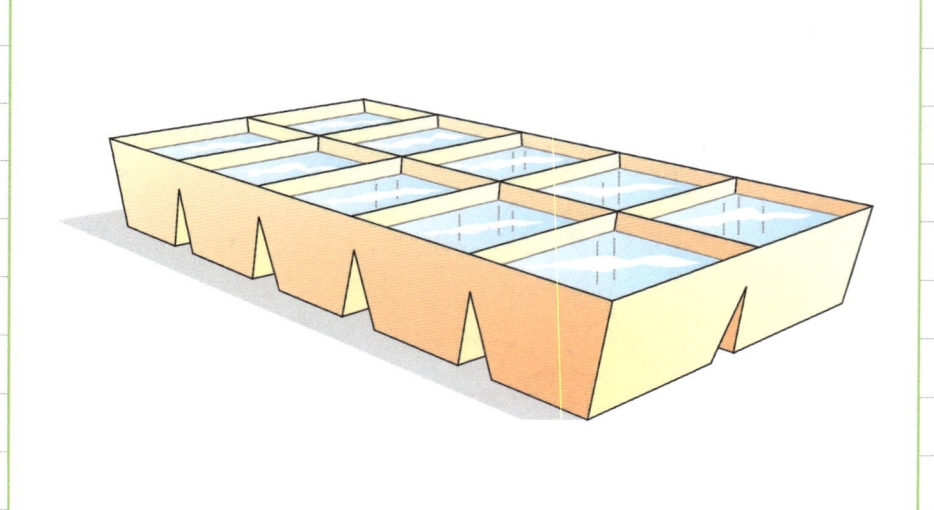

21. Como podemos definir:

a) solidificação?

b) fusão?

c) vaporização?

d) condensação?

22. Ao ferver água numa chaleira, observamos no lado interno da tampa várias gotículas de água. Por que isso ocorre?

23. Depois de um tempo fora do congelador, o gelo derrete. Por que isso ocorre?

24. Complete:

a) A água dos oceanos encontra-se em estado _____.

b) A água no ar está em estado _____.

c) Nas geleiras a água está em estado _____.

25. Qual é a utilidade do mercúrio no estado gasoso? E no estado líquido?

BLOCO 3

CONTEÚDOS:
- Atmosfera
- O ar
- Formação dos ventos

Lembre que:

- **Atmosfera** é a camada de ar que envolve a Terra.
- **Ar** é uma mistura de gases: oxigênio, nitrogênio, gás carbônico, vapor de água e outros.
  - **Oxigênio:** indispensável para a maioria dos seres vivos.
  - **Gás carbônico:** com ele, as plantas fabricam seu próprio alimento.
- **Características do ar:** insípido e transparente, ocupa lugar no espaço, não tem cheiro. Sua existência é percebida pela nossa respiração, pelo vento etc.

Lembre que:

- **Vento é o ar em movimento.**

  Formação dos ventos:
  - A luz do Sol aquece a superfície terrestre e esta aquece o ar.
  - A camada de ar próxima da superfície aquece e sobe. Ao chegar às partes altas da atmosfera, o ar quente esfria.
  - Ao mesmo tempo, o ar frio desce, ocupando o lugar do ar quente que subiu. Depois, o ar frio que desceu até a superfície da Terra aquece e sobe, começando tudo novamente. Esse movimento do ar chama-se **vento**.

- Vento fraco, agradável, chama-se **brisa**.
- Vento mais forte chama-se **ventania**.
- Vento extremamente forte chama-se **furacão** ou **tufão**.

Ciclo de formação dos ventos

Ar frio

Ar quente

Podemos medir a velocidade do vento e saber sua direção. Para isso, usamos aparelhos especiais, como o anemômetro, o cata-vento e a biruta.

Aparelho	Função	Local de uso
Anemômetro	Mede a velocidade ou a intensidade do vento.	Observatórios meteorológicos e aeroportos.
Cata-vento	Indica a velocidade e a direção do vento.	Telhados de casas e torres de igrejas.
Biruta	Indica a direção do vento de superfície.	Aeródromos.

Lembre que:

- **Benefícios dos ventos:**
  - transportam as nuvens de uma região para outra. Isso ajuda no ciclo da água e na distribuição das chuvas;
  - auxiliam na reprodução das plantas, levando o pólen de uma flor para outra;
  - também influenciam a temperatura, levando ar quente ou ar frio de uma região para outra;
  - dispersam a poluição;
  - mudam a paisagem ao deslocarem a areia das dunas.

1. Como se chama a camada de ar que envolve a Terra?

2. Como podemos perceber a existência do ar?

3. O ar é formado por uma mistura de vários gases. Cite alguns deles.

4. Cite três características do ar.

5. Seria possível viver na Terra se não houvesse atmosfera? Justifique sua resposta.

6. Qual é a importância do Sol para a formação dos ventos?

7. O que é vento?

8. Faça as ligações:

Ventania — É o vento fraco e agradável.

Brisa — É o vento extremamente forte.

Furacão — É o vento mais forte.

9. Escreva o que se pede:

a) Para que serve cada um dos aparelhos abaixo?

- O anemômetro:

- O cata-vento:

- A biruta:

b) Em que lugar a biruta é indispensável?

c) Onde o anemômetro é útil?

10. Como os ventos ajudam no ciclo da água e na distribuição das chuvas?

11. De que forma os ventos influenciam a temperatura?

12. Como os ventos auxiliam na reprodução das plantas?

13. Escolha no quadro as palavras que tornam as afirmações corretas:

> temperatura - paisagem - poluição - dunas - ondas - cidades - nuvens - pólen - reprodução

a) Os ventos interferem nas .... do mar.

b) Os ventos dispersam a .... nas .... muito industrializadas.

c) Ao deslocarem a areia das .... os ventos mudam a ....

d) Os ventos transportam as .... de uma região para outra.

e) Levando o .... de uma flor para outra, os ventos ajudam na .... das plantas.

f) Os ventos também influenciam a ....

BLOCO 4

CONTEÚDOS:
- Crosta terrestre
- Solo
- Erosão
- Tipos de solo e vegetação

Lembre que:

- A **crosta terrestre** é formada por rochas e recoberta, na maior parte, por água. O fundo dos oceanos, mares, rios e lagos também é formado por rochas.
- O **solo** é a camada externa da crosta, onde crescem as plantas. O solo é composto por argila, areia e húmus (restos de vegetais e de animais em decomposição) e demora milhares de anos para se formar.

Tipo	Composição	Características
Arenoso	Rico em areia.	Deixa a água penetrar com facilidade (permeável) e seca rapidamente.
Argiloso	Rico em argila (barro).	Não permite que a água se infiltre com facilidade (pouco permeável) e pode ficar encharcado.
Húmico	Rico em húmus (restos de vegetais e de animais em decomposição).	É escuro e ideal para a agricultura.

Técnica para preparar o solo para o cultivo	Para que é feita	Como é feita
Drenagem	Para retirar o excesso de água dos solos muito encharcados.	Abrem-se valas, fazem-se aterros ou plantam-se girassóis ou eucaliptos.
Irrigação	Para regar solos muito secos.	A água é bombeada de rios, açudes ou poços e levada por tubulações ou canais até a plantação.
Aração	Para arejar e permitir a entrada de água e de substâncias nutritivas no solo.	De forma manual ou mecânica.
Adubação	Para repor substâncias que alimentam as plantas.	Usam-se fertilizantes naturais ou químicos.

1. Responda:

a) Qual é o nome da camada superficial da crosta terrestre?

b) De que é composto o solo fértil?

c) Quanto tempo o solo leva para se formar?

d) O que é húmus?

e) O que existe abaixo do solo?

2. Complete:

a) Os solos permeáveis deixam a água passar facilmente porque têm muita _____.

b) Os solos que têm muita argila são chamados _____.

c) O solo _____ é escuro e ideal para a agricultura.

3. Como é um solo bom para a agricultura?

4. Em qual tipo de solo as poças de água se formam com facilidade? Por quê?

5. Qual é a diferença entre irrigação e drenagem?

6. Em qual tipo de solo é feita a adubação?

7. Complete:

   a) A adubação pode ser _____ ou _____.

   b) A aração permite a entrada de _____ e de _____ no solo.

8. O que você acha que acontece com um solo que precisa ser irrigado, mas não é?

9. Dê o nome de duas plantas usadas na drenagem do solo.

10. Como é feita a irrigação?

11. O que é desertificação e quais são suas causas?

Lembre que:

- **Erosão** é o desgaste do solo e das rochas causado por agentes da natureza, como o vento, as águas das chuvas, dos rios, dos mares e o calor do Sol.

12. O que é erosão?

13. Quais são os agentes da natureza que causam a erosão?

14. Escreva, abaixo de cada afirmação, o agente da natureza causador da erosão:

a) Em regiões secas, os rochedos sofrem desgaste com o carregamento e a remoção de partículas de rocha.

b) Durante enchentes e enxurradas, árvores são derrubadas e buracos se formam no solo.

c) Rochas à beira-mar sofrem desgaste.

d) As margens dos rios são desgastadas e grandes porções de terra são carregadas de um lugar para outro.

15. Marque com um **x** as frases corretas:

a) ( ) Erosão é a formação de dunas de areia.

b) ( ) As enchentes desgastam as margens dos rios, carregando grandes porções de terra de um lugar para outro.

c) ( ) Os minerais que formam as rochas não sofrem alterações em decorrência do calor e do frio.

d) ( ) As ondas do mar desgastam as rochas do litoral.

16. Explique esta frase: "Água mole em pedra dura tanto bate até que fura"

> **Lembre que:**
>
> - **Solos ricos** (em nutrientes): são cobertos por florestas densas, com árvores muito altas.
> - **Solos pobres** (em nutrientes): apresentam vegetação baixa e esparsa.
> - **Solos ácidos** ou pobres em nitrogênio: ocorrência da planta carnívora dioneia, que captura os insetos para obter o nitrogênio de que necessita.
> - **Solo dos mangues** (local que fica entre a foz dos rios e o mar): tem muitos sais, pouco oxigênio e é frequentemente inundado pelas marés, por isso suas plantas têm raízes que se elevam acima da linha da maré.

17. Como é a vegetação nos solos ricos em nutrientes?

18. Como é a vegetação nos solos pobres em nutrientes?

19. A ocorrência de dioneias indica que tipo de solo?

20. Que tipo de planta é a dioneia e como ela obtém o nitrogênio de que necessita?

21. O que é mangue?

22. Quais são as características do solo dos mangues?

23. Como são as raízes das plantas dos mangues?

24. Faça uma pesquisa sobre o mangue e anote cinco aspectos importantes:

25. Elabore um painel informativo sobre o mangue.

BLOCO 5

CONTEÚDOS:

- O som e a vibração da matéria
- A luz, a sombra e os materiais
- Combustão como fonte de calor
- O uso de combustíveis

Lembre que:

- **Som** é produzido por vibrações, por isso depende de dois fatores:
  - uma fonte de vibração, para dar origem às ondas sonoras;
  - um meio para a propagação das ondas sonoras, por exemplo o ar, a água e os sólidos.

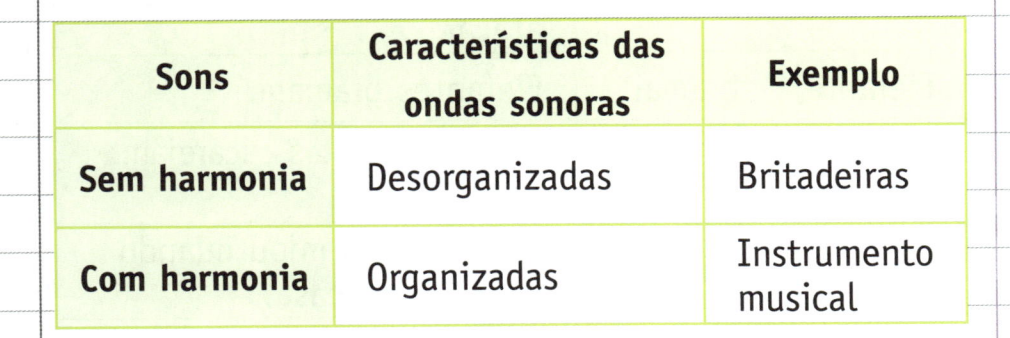

Instrumentos musicais	O som é produzido por	Exemplos
De sopro	Ar soprado por tubo ou fole.	Cornetas, trombone, órgão, sanfona...
De corda	Vibração de cordas.	Violão, violino, berimbau, piano...
De percussão	Impacto de dois corpos.	Bumbo, chocalho, pandeiro...
Eletrônicos	Vibrações geradas eletricamente.	Sintetizador, piano elétrico...

Sons	Características das ondas sonoras	Exemplo
Sem harmonia	Desorganizadas	Britadeiras
Com harmonia	Organizadas	Instrumento musical

41

Lembre que:

A voz humana

- A **voz humana** é produzida por vibrações de membranas elásticas (pregas vocais), localizadas na laringe. Elas vibram durante a passagem do ar que sai dos pulmões.

- A língua, a cavidade bucal e a musculatura do tórax podem ser usadas para modificar a voz. As cavidades da face, o nariz e o tórax ampliam a voz, como em caixas de ressonância. Você já reparou como nossa voz muda quando estamos gripados ou quando falamos com o nariz tapado?

- A **fala** é a voz modificada por movimentos dos lábios e da língua.

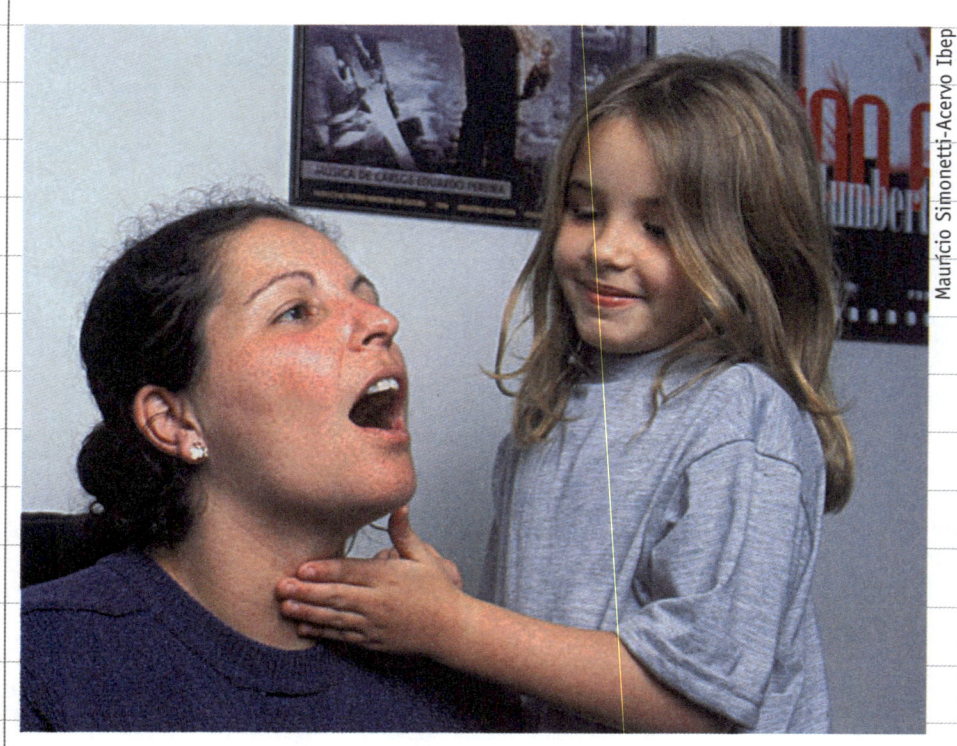

A voz humana é produzida por vibrações das pregas vocais.

Sons dos animais	
Animais	**Como são produzidos os sons**
Aves	Vibração das siringes na base da traqueia.
Sapos, rãs e pererecas	Coaxar na laringe.
Grilos	Cricrilar, raspando partes duras das asas umas contra as outras.

Animal	Som	
Abelha	zumbir	A abelha zumbe.
Anta	assobiar	A anta assobia.
Baleia	cantar	A baleia canta.
Boi	mugir	Os bois mugiram muito.
Burro	zurrar	Os burros zurraram de manhã.
Cachorro	latir e uivar	O cachorro late. O cachorro também uiva.
Carneiro	balir	O carneiro bale.
Cavalo	relinchar	O cavalo relinchou muito.
Cigarra	cantar	A cigarra canta bem.
Cobra	sibilar	A cobra sibilou antes de atacar.
Elefante	bramar	Elefantes bramam.
Galinha e galo	cacarejar	Galinhas e galos cacarejam.
Gato	miar	Meu gatinho miou quando cheguei em casa.
Leão	rugir	Leões rugiram durante o dia.

Lobo	uivar	O lobo uiva à noite.
Mosquito	zumbir	O mosquito zumbe.
Ovelha	balir	Ovelhas balem.
Perus	gorgolejar	Perus gorgolejam.
Pomba	arrulhar	A pomba arrulha.
Sapo	coaxar	Sapos coaxam na beira do rio.

1. O que produz os sons?

2. De quais fatores depende o som?

3. Como é produzida a voz humana?

4. Observe a figura e responda: onde se localizam as pregas vocais?

Sistema respiratório

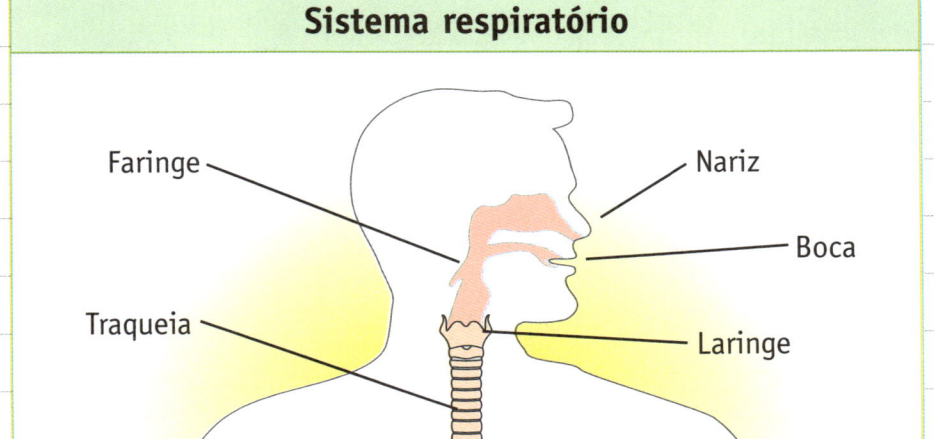

Faringe — Nariz — Boca — Traqueia — Laringe

5. Como podemos classificar os instrumentos musicais nos quais:

a) o ar é soprado por um tubo ou fole?

b) o som é produzido por vibrações geradas por eletricidade?

c) o som é produzido pelo impacto de dois corpos?

d) o som é produzido pela vibração de cordas?

6. Qual é a diferença entre som com harmonia e som sem harmonia?

7. De que maneira as aves, os sapos e os grilos produzem sons?

8. Dê exemplos de cada tipo de instrumento musical.

a) De sopro:

b) De corda:

c) De percussão:

d) Eletrônicos:

9. Quantas pessoas da sua classe tocam algum tipo de instrumento musical? Cite alguns.

☐ pessoas

10. Pesquise, recorte e cole figuras de instrumentos musicais:

11. Encontre no caça-palavras oito instrumentos musicais:

P	D	G	O	F	E	J	L	E	M	T	H	U
G	A	C	A	C	O	U	A	R	A	N	A	A
U	R	S	A	X	O	F	O	N	E	J	R	C
I	E	B	C	N	D	C	M	L	M	T	P	A
T	Q	S	U	Ç	U	A	R	A	N	A	A	R
A	L	R	B	A	T	E	R	I	A	G	A	I
R	S	C	Q	J	S	F	C	I	N	X	P	V
R	X	D	V	N	E	B	N	J	F	U	Z	I
A	S	T	M	P	I	A	N	O	T	X	O	O
R	A	G	U	A	T	I	R	I	C	A	C	L
R	T	E	C	L	A	D	O	J	O	G	H	A
T	J	C	L	A	N	U	D	E	F	V	Z	C
P	A	Q	Z	O	X	Z	G	A	I	T	A	O

12. Escreva o nome de um músico conhecido. Que instrumento ele toca?

45

> **Lembre que:**
>
> - **Luz:** é uma das mais importantes formas de energia; sem ela as plantas verdes não poderiam realizar a fotossíntese, e, sem os alimentos produzidos pela fotossíntese, os seres vivos não sobreviveriam.

Materiais	Características	Exemplos
Transparentes	Permitem a passagem da luz. Quase não produzem sombra.	Vidro liso, água limpa...
Translúcidos	Permitem a passagem da maior parte da luz. Produzem sombras suaves.	Vidro fosco, água turva...
Opacos	Não permitem a passagem da luz. Produzem sombras fortes.	Ferro, madeira...

> **Lembre que:**
>
> - **Sombra:** é a região escura formada quando um objeto é colocado entre uma fonte de luz e uma superfície.
> - Os diferentes materiais produzem sombras diferentes:
>   - os materiais **transparentes** praticamente não produzem sombras, pois deixam passar quase toda luz;
>   - os materiais **translúcidos** produzem sombras suaves, pois deixam passar a maior parte da luz;
>   - os materiais **opacos** produzem sombras fortes, pois não deixam passar a luz.

13. Por que a luz é uma das mais importantes formas de energia?

14. Como são chamados os materiais que permitem a passagem da luz?

15. Quais materiais transparentes você conhece?

16. O que são materiais translúcidos?

17. Dê exemplos de materiais translúcidos que você conhece.

18. O que são materiais opacos?

19. Que materiais você identifica como opacos?

20. Faça a associação entre as colunas:

Materiais transparentes		não deixam passar a luz
Materiais opacos		deixam passar a maior parte da luz
Materiais translúcidos		deixam a luz passar

Agora, baseado nas escolhas acima, complete:

a) Materiais opacos possuem sombra forte, pois _____.

b) Materiais transparentes não possuem sombra, pois _____.

c) Materiais translúcidos possuem sombra suave, porque _____.

47

Lembre que:

- **Combustão** é o processo de queima de um corpo. Nesse processo:
  - o oxigênio deve estar presente;
  - produz-se luz e calor, que são aproveitados pelo ser humano para: iluminar e aquecer ambientes, preparar alimentos, movimentar veículos, amolecer e fundir materiais para fabricação de objetos.
- Durante a queima de um corpo, o oxigênio é consumido.
- A combustão termina quando:
  - não há renovação do ar, o oxigênio acaba;
  - substitui-se o oxigênio por outro gás que não alimente a combustão. Por exemplo: gás carbônico utilizado em extintores de incêndio.
- Para que haja combustão, são necessários:
  - **combustível:** substância que queima com facilidade e libera energia.
  - **comburente:** substância que alimenta a combustão. Exemplo: oxigênio.
  - **calor inicial:** necessário para iniciar a combustão.
- **Calor** é uma forma de energia que passa de um corpo para outro.

Combustíveis	Exemplos	Uso
Sólidos	Lenha, carvão...	Em padarias e restaurantes para a produção de alimentos.
Líquidos	Álcool, gasolina, óleo *diesel*, querosene...	Em automóveis, caminhões, trens, navios e aviões.
Gasosos	Gás de cozinha, hidrogênio...	No preparo de alimentos; em motores muito potentes, como os de foguetes.

21. O que é combustão?

22. Sem ele não há combustão. Do que estamos falando?

23. O que a combustão produz?

24. Complete:

_____ é uma forma de energia que passa de um _____ para outro. A _____ na forma de _____ é aproveitada pelo ser humano.

25. Como a luz e o calor produzidos na combustão são aproveitados pelo ser humano?

26. O que acontece com o oxigênio durante a queima de um corpo?

27. Complete a frase utilizando as palavras do quadro:

combustão - contêm - extintores
gás - oxigênio - materiais

A queima de _____ termina quando se substitui o _____ por um outro _____ que não alimenta a _____, por isso, são utilizados _____ de incêndio no combate ao fogo, pois eles _____ gás carbônico.

28. Qual é a importância do gás carbônico na queima dos materiais?

29. Indique um uso prático do gás carbônico.

30. Como podemos definir:

a) combustível

b) comburente

c) calor inicial

31. Como podem ser os combustíveis?

32. Onde são usados o carvão e a lenha?

33. Quais são os combustíveis líquidos e onde são utilizados com mais frequência?

34. Que tipo de combustível é o gás de cozinha?

35. Onde é utilizado o gás hidrogênio?

36. Faça uma pesquisa sobre os combustíveis sólidos, líquidos e gasosos.

a) Que danos os combustíveis têm causado ao ambiente?

b) O que pode ser feito para evitar esses danos?

BLOCO 6

CONTEÚDOS:

- Animais nativos, domésticos e urbanos
- Seres vivos peçonhentos e venenosos
- O comportamento dos animais e o ambiente
- Nutrição das plantas e dos animais
- Os seres vivos e sua utilidade
- Animais e plantas ameaçados de extinção

Lembre que:

- **Hábitat** é o lugar onde vivem os animais.
- **Animais nativos:** são animais típicos de certas regiões.
  Exemplos: micos-leões, Região Sudeste do Brasil; boto-cor-de-rosa, rios amazônicos; onça-pintada, em quase todo o Brasil.
- **Animais domésticos:** são aqueles que o ser humano cria e que convivem com ele.
  Exemplos: cachorro, gato, cavalo, galinha, coelho, porco, cabra...
  – Precisam ser bem tratados, receber alimentação adequada, água, abrigo e vacina contra doenças.

- **Animais urbanos:** compartilham as cidades com o ser humano.
  Exemplos: pombos, pardais, bem-te-vis, baratas, ratos, cupins...
- Cada região da Terra possui uma fauna característica.
  Exemplos: zebras, hienas e leões – continente africano; ursos, focas e pinguins – áreas frias do planeta; micos-leões, tucanos e jiboias – Mata Atlântica.

1. Cite:

a) um animal que vive na Região Sudeste.

b) um animal que vive nos rios amazônicos.

c) um animal que vive em quase todo o Brasil.

2. O que são animais domésticos?

3. Como devem ser tratados?

4. Você tem ou teria algum animal? Qual?

5. Cite alguns animais que vivem na zona urbana:

6. Cite alguns animais que podem causar danos ao ser humano.

> **Lembre que:**
>
> - **Animais peçonhentos:** têm a capacidade de injetar veneno em suas vítimas.
>   Exemplos: cobras, aranhas, escorpiões, lacraias.
> - **Animais venenosos:** produzem veneno, mas não têm capacidade de injetar o veneno que produzem.
>   Exemplos: sapos, rãs, pererecas, lagartas.
> - **Plantas venenosas:** assim como os animais venenosos, utilizam o veneno como proteção.
>   Exemplos: mandioca-brava, comigo-ninguém-pode, espirradeira.
> - Para evitar acidentes com animais perigosos:
>   – ande calçado;
>   – não mexa em moitas, sob pedras ou em buracos;
>   – olhe onde vai pisar.
> - Para evitar acidentes com plantas venenosas:
>   – não coma plantas que não conhece.

7. Qual é a diferença entre animais peçonhentos e venenosos?

8. Dê exemplos de animais peçonhentos:

9. Leia as informações abaixo sobre alguns animais peçonhentos e tente relacionar a 2ª coluna de acordo com a 1ª:

(1) cobra   ( ) injeta veneno pelo aguilhão, localizado na ponta da cauda.
(2) aranha   ( ) injeta veneno através de dentes especiais.
(3) escorpião   ( ) injeta veneno por meio de garras venenosas localizadas próximas à cabeça.
(4) lacraia   ( ) injeta veneno com um par de quelíceras, que são acúleos existentes perto da boca.

10. Cite duas plantas venenosas.

11. Para que alguns animais e algumas plantas utilizam o veneno?

12. Preencha com os animais venenosos:

p e r e r e c a

13. Indique as afirmações verdadeiras (V) e as falsas (F) para prevenção de acidentes com animais peçonhentos e plantas venenosas:

a) Andar descalço. ( )

b) Não comer plantas que não conhece. ( )

c) Andar com atenção, olhando o lugar onde pisa. ( )

d) Não mexer em moitas. ( )

e) Pisar sob pedras e buracos. ( )

Lembre que:

- A **alimentação** influencia o comportamento dos animais: eles têm de se adaptar às condições do meio ambiente para obter os alimentos de que necessitam para sobreviver.
  Exemplos:
  - **martim-pescador**: tem hábitos diurnos e vive próximo da água porque se alimenta de peixes e camarões.
  - **coruja**: tem hábitos noturnos e caça ratos, preás, lagartos e cobras.
- A **reprodução** também influencia o comportamento dos animais: eles se adaptam às condições do meio ambiente para procriar e alimentar os filhotes. Exemplos:
  - **sapo**: deposita ovos na água porque eles não têm casca protetora que os impeça de secar, e seus filhotes nascem sem patas, sem pulmões e outras adaptações à vida terrestre;
  - **maioria dos animais**: durante a fase reprodutiva, ocorrem disputas dos machos pelas fêmeas, de território para alimentação e construção de ninhos etc.

14. De que maneira a alimentação influencia o comportamento dos animais?

15. Por que a reprodução influencia o comportamento dos animais?

16. Quando ocorrem disputas entre animais da mesma espécie?

17. Por que os sapos precisam se reproduzir na água?

18. De acordo com o comportamento e a alimentação descubra quem são os animais:

zebra

> Tenho um bom convívio com meu grupo, sou terrestre e aquático, isso porque me alimento no mar e me reproduzo na terra, sou uma ave, porém não alcanço voo.

urso-polar

> Meus hábitos são solitários, tenho familiares por toda região central da América do Sul, geralmente me alimento de frutos, ovos de aves, e pequenos roedores ou tatus.

pinguim

> Se olhar de longe é possível que não me veja, porque a cor da minha pelagem se confunde com a paisagem de onde vivo! Costumo comer peixes e outros animais, como aves, répteis e focas, às vezes também me alimento de ovos, raízes e musgo.

lobo-guará

> Vivo na savana africana, lá o clima é quente e seco, e por isso me alimento de uma vegetação rasteira, costumo pastar de dia com meu grupo.

Lembre que:

- Os **nutrientes** são a porção dos alimentos que pode ser utilizada para o funcionamento normal do organismo.

- Todo ser vivo precisa de nutrientes. Alguns deles têm a função energética, isto é, fornecem a energia. Outros repõem as partes que morrem ou são gastas no crescimento e na reprodução.

- As plantas produzem seus nutrientes, enquanto os animais precisam comer plantas ou outros seres vivos para se nutrir.

- O processo de extrair os nutrientes dos alimentos chama-se **digestão**.

- **Fotossíntese**: as plantas verdes retiram água e sais minerais (seiva bruta) do solo através das raízes. Esses nutrientes são conduzidos até as folhas. Nas folhas, a energia da luz solar é absorvida pela clorofila (um pigmento verde) junto com o gás carbônico do ar, e o alimento (seiva elaborada) é produzido e transportado para toda a planta. Ocorre a liberação de oxigênio.

- Os alimentos ingeridos pelos animais passam por transformações para serem aproveitados. Por exemplo: a égua se alimenta de vegetais, principalmente pasto. Ela precisa transformar os componentes do pasto em nutrientes necessários para viver e conservar seu corpo.

19. O que os alimentos fornecem aos seres vivos?

20. Como as plantas verdes produzem seu alimento?

21. Do que as plantas precisam para produzir seu alimento?

22. Em qual parte da planta é realizada a fotossíntese?

23. Complete as afirmações:

a) Na fotossíntese, as plantas absorvem _____ e _____ oxigênio.

b) A mistura de água e sais minerais chama-se _____.

c) A _____ é distribuída para toda a planta.

24. O que é digestão?

25. Identifique se as afirmações são verdadeiras (V) ou falsas (F), depois corrija as afirmações falsas.

a) Os animais não produzem seus nutrientes; então, precisam comer plantas e outros seres vivos. ( )

b) Os alimentos ingeridos pelos animais não precisam passar por transformações para serem aproveitados. ( )

c) Os nutrientes não são a parte dos alimentos que pode ser utilizada pelo organismo. ( )

d) As partes não digeridas dos alimentos são eliminadas. ( )

26. O que são nutrientes?

> **Lembre que:**
> - Há muitos seres vivos úteis ao ser humano.

Seres vivos	Utilidade	Exemplos
Animais	Alimentação: carne, leite, ovos, mel.	Galinha, vaca, cabra, peixe, camarão, rã, abelha, pato...
	Transporte: de pessoas e mercadorias.	Cavalo, jumento, burro, boi...
	Vestuário: lã, couro, fio de seda.	Carneiro, boi, bicho-da-seda...
Plantas	Alimentação: raízes, flores, caules, frutos, folhas e sementes.	Cenoura, beterraba, couve-flor, cana-de-açúcar, maçã, laranja, alface, repolho, feijão, ervilha...
	Vestuário: fibras.	Algodão, linho, sisal, cânhamo...
Plantas	Madeireira: construção de casas e fabricação de móveis, instrumentos musicais, papel...	Peroba, cerejeira, pinheiro, eucalipto...
	Medicamento.	Guaco, agrião, confrei, hortelã, erva-doce...
Microrganismos	Transformam: leite em queijo ou coalhada; vinho em vinagre; caldo de cana-de-açúcar em álcool; restos de plantas e animais em adubo natural.	Fungos e bactérias.

> **Lembre que:**
> - **Microrganismos** são seres vivos muito pequenos, que só podem ser vistos com o auxílio do microscópio. Exemplos: bactérias, fungos, vírus.

27. Para que o ser humano aproveita cada animal?

alimentação - transporte - vestuário

a) cavalo
b) abelha
c) burro

d) bicho-da-seda
e) peixe
f) carneiro

28. O que utilizamos destes animais?

a) camarão
b) abelha
c) cabra
d) galinha
e) peixe
f) carneiro

29. Que partes das plantas aproveitamos na alimentação?

30. Separe as plantas do quadro entre medicamento e vestuário:

sisal - erva-doce - hortelã
linho - guaco - cânhamo
boldo - confrei - algodão

Vestuário	Medicamento

31. Para que o ser humano utiliza a madeira?

32. O que são microrganismos? Dê exemplos.

33. Qual é a utilidade dos microrganismos para o ser humano?

34. Observe as fotos:

Algumas espécies brasileiras ameaçadas de extinção	
Animais	Vegetais
Ariranha, tamanduá-bandeira, ararinha-azul, lobo-guará, onça-pintada, jacaré-do-papo-amarelo, tartaruga-verde, tatu-canastra, mico-leão-dourado, peixe-boi	Pau-brasil, mogno, jacarandá, peroba, cedro, piaçava, algumas espécies de bromélias, algumas espécies de samambaias.

Qual é a utilidade desses animais?

35. Quando uma espécie é considerada extinta?

36. Quando uma espécie é considerada ameaçada de extinção?

Lembre que:

- Uma espécie animal ou vegetal **está extinta** quando nenhum ser pertencente a ela tiver sido observado nos últimos 50 anos.

- Uma espécie é considerada **ameaçada de extinção** quando:
  – seu **hábitat** está em degradação ou poluído;
  – há caça, pesca ou outros meios de exploração predatória.

Isso faz com que o número de indivíduos da espécie seja reduzido drasticamente, tornando-a rara.

37. Quais são as principais causas da extinção de algumas espécies?

38. Cite duas espécies animais brasileiras ameaçadas de extinção.

39. Cite duas espécies vegetais brasileiras ameaçadas de extinção.

40. Pesquise sobre o pau-brasil e responda: Por que o pau-brasil tornou-se uma espécie rara?

41. Procure saber e escreva o nome de uma organização de defesa ambiental e como ela funciona.

42. Pesquise e desenhe:

um vegetal em extinção

um animal em extinção

BLOCO 7

CONTEÚDOS:
- Sistema digestório
- Sistema circulatório
- Sistema respiratório
- Sistema urinário
- Sustentação e locomoção

Lembre que:

- **Sistema digestório:** retira dos alimentos os nutrientes necessários à manutenção da vida do organismo.

Órgãos/glândulas	Função
Boca	– os dentes trituram os alimentos; – a língua empurra o bolo alimentar para a faringe.
Glândulas salivares	– produzem saliva.
Faringe e esôfago	– a faringe recebe o bolo alimentar e empurra-o para o esôfago, que o passa para o estômago.
Estômago	– os alimentos são amassados e recebem ação do suco gástrico.
Intestino delgado	– os alimentos continuam a ser digeridos com auxílio do suco pancreático e da bile para digestão de gorduras.
Pâncreas	– produz o suco pancreático.
Fígado	– produz a bile, que é armazenada na vesícula biliar.
Intestino grosso	– onde ocorre etapa final da digestão: os nutrientes são levados para o sangue e os restos, expulsos na forma de fezes pelo reto.

1. Qual é a principal função do sistema digestório?

2. Como é composto o sistema digestório?

3. Qual é o papel dos dentes e da língua?

4. O que as glândulas salivares produzem?

5. Imediatamente depois de mastigados e umedecidos pela saliva, para onde vão os alimentos?

6. Que ação os alimentos recebem no estômago?

7. Depois de passar pelo estômago, para onde vai a massa alimentar?

8. Quais líquidos os alimentos recebem no intestino delgado?

9. Onde a bile é produzida e armazenada?

10. O que acontece no intestino grosso?

11. Ligue:

Estômago

Intestino grosso

Fígado

12. Descubra o caminho dos alimentos indicando na figura os órgãos e as glândulas do sistema digestório:

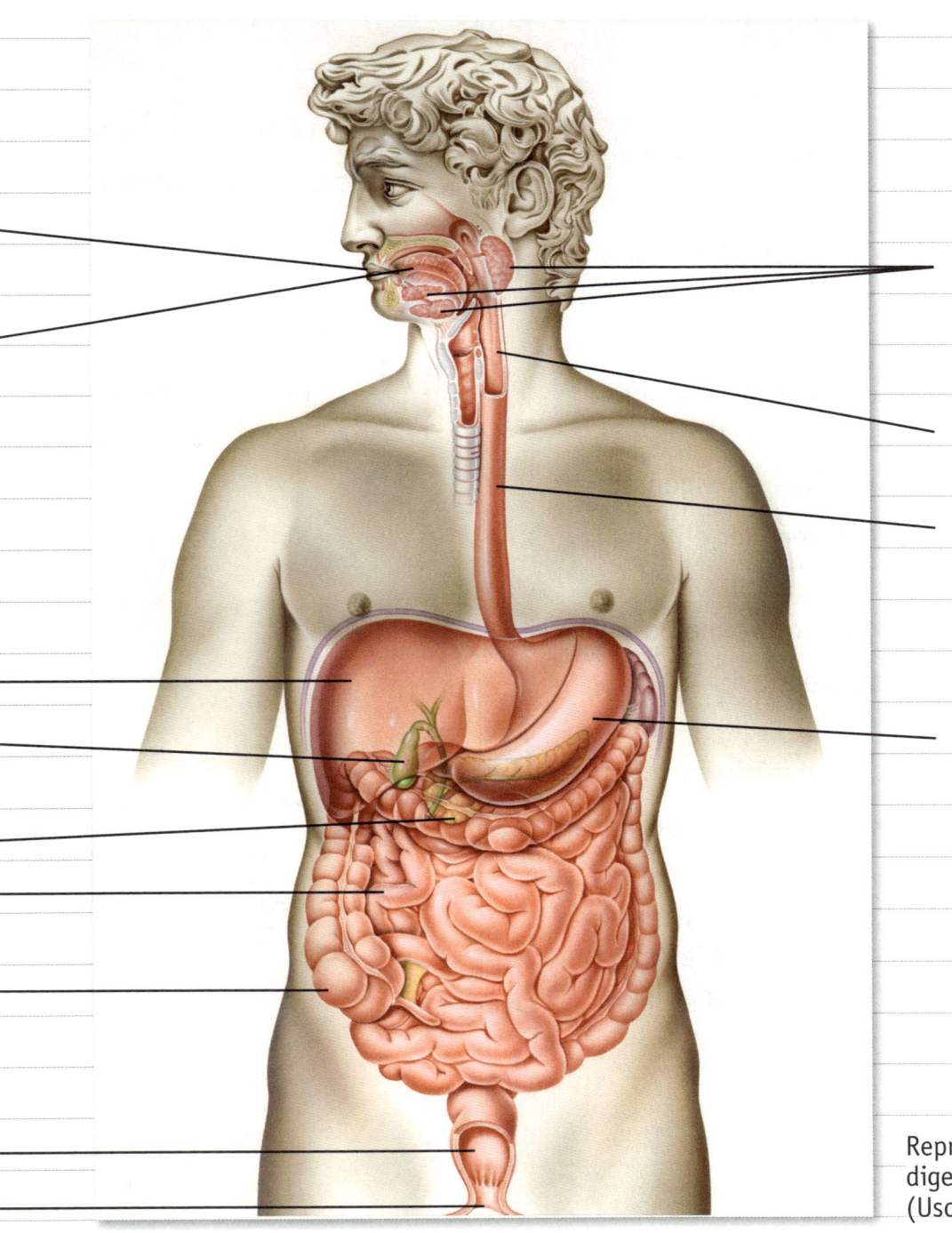

Representação do sistema digestório humano.
(Uso de cores-fantasia)

Sistema circulatório:

- **coração:** funciona como uma bomba: quando seus músculos se contraem, o sangue é empurrado para todo o corpo pelos vasos.

- **vasos sanguíneos:**
  - **artérias:** levam sangue do coração para todo o corpo.
  - **veias:** trazem sangue de todo o corpo para o coração.

Sangue:

- Há de 5 a 6 litros de sangue no corpo humano adulto que:
  - transporta substâncias nutritivas e oxigênio;
  - recolhe as substâncias que devem ser eliminadas do organismo.

- **sangue arterial:** rico em oxigênio; vermelho-vivo.

- **sangue venoso:** rico em gás carbônico; vermelho-escuro.

- Os cuidados com o sistema circulatório incluem:
  - andar, correr, dançar – exercícios para fortalecer os músculos.
  - evitar excesso de carnes gordurosas, frituras e doces, pois gorduras podem se acumular nas artérias, prejudicando a circulação sanguínea.

13. Como é formado nosso sistema circulatório?

14. Quantos litros de sangue há no corpo humano adulto?

15. O que o sangue transporta para os órgãos? E o que recolhe?

16. Pesquise e responda:
Por que não devemos colocar anéis ou outros objetos apertados nos dedos?

17. Como funciona o nosso coração?

18. O que pode acontecer se nos alimentarmos mal, com muita gordura, frituras e doces?

19. Complete as frases:

   a) Sangue arterial, rico em _____, é _____.

   b) Sangue venoso, rico em _____, é _____.

   c) _____ levam o sangue do coração para todo o corpo.

   d) _____ trazem sangue de todo o corpo para o coração.

   e) Artérias e veias são tipos de vasos _____.

20. O que podemos fazer para cuidar do nosso sistema circulatório?

21. Pesquise e responda: O que é pressão arterial?

Lembre que:

- **Sistema respiratório:** nariz, boca, faringe, laringe, traqueia, brônquios direito e esquerdo, pulmões direito e esquerdo e diafragma.

- **Respirar:** receber e expelir, alternadamente, o ar. Nos pulmões, o sangue absorve oxigênio e elimina gás carbônico.

- **Etapas da respiração:**
  - **Inspiração:** é a entrada do ar em nosso corpo. O diafragma abaixa, "puxando" o ar para dentro. Os pulmões se dilatam, enchendo-se de ar; isto é, eles aumentam de volume. A inspiração deve ser feita pelo nariz.
  - **Expiração:** é a saída do ar de nosso corpo. O diafragma levanta e os pulmões diminuem de volume, expelindo o ar. A expiração é feita pelo nariz e pela boca.

Quando respiramos, o ar, rico em oxigênio, entra no nosso corpo pelo nariz. Então, ele é filtrado por pelos das fossas nasais, impedindo assim a passagem de impurezas.

Em seguida, o ar passa pela faringe, depois pela laringe e daí para a traqueia; segue então pelos brônquios, bronquíolos e chega finalmente aos pulmões, onde o sangue absorve o oxigênio e deixa o gás carbônico.

Como nosso organismo não utiliza o gás carbônico, ele é eliminado na expiração.

- Os cuidados com o sistema respiratório incluem:
  - Caminhar, correr, brincar em lugares arborizados – exercícios físicos que fortalecem o diafragma, possibilitando que uma maior quantidade de ar entre nos pulmões.
  - Evitar ambientes poluídos.
  - Não fumar. O cigarro é um inimigo mortal dos pulmões.
  - Dormir regularmente e em locais arejados.
  - Cuidar logo de gripes e resfriados.

22. Quais órgãos formam o sistema respiratório?

23. Como se chama a entrada de ar nos pulmões?

24. Por que a inspiração deve ser feita pelo nariz?

25. Como se chama a saída de ar dos pulmões?

26. O que significa respirar?

27. Como se dá a inspiração?

28. Como se dá a expiração?

29. Como ocorre a respiração?

30. O que acontece com o nosso corpo quando enchemos os pulmões de ar para encher uma bexiga?

31. Copie apenas as frases que, ao retirar o **não**, se tornam afirmações corretas:

a) A fumaça das chaminés **não** polui o ar.
b) Cigarro **não** faz mal aos pulmões.
c) Caminhar em ruas poluídas **não** é bom para a saúde.
d) Parques arborizados **não** são ideais para caminhadas.

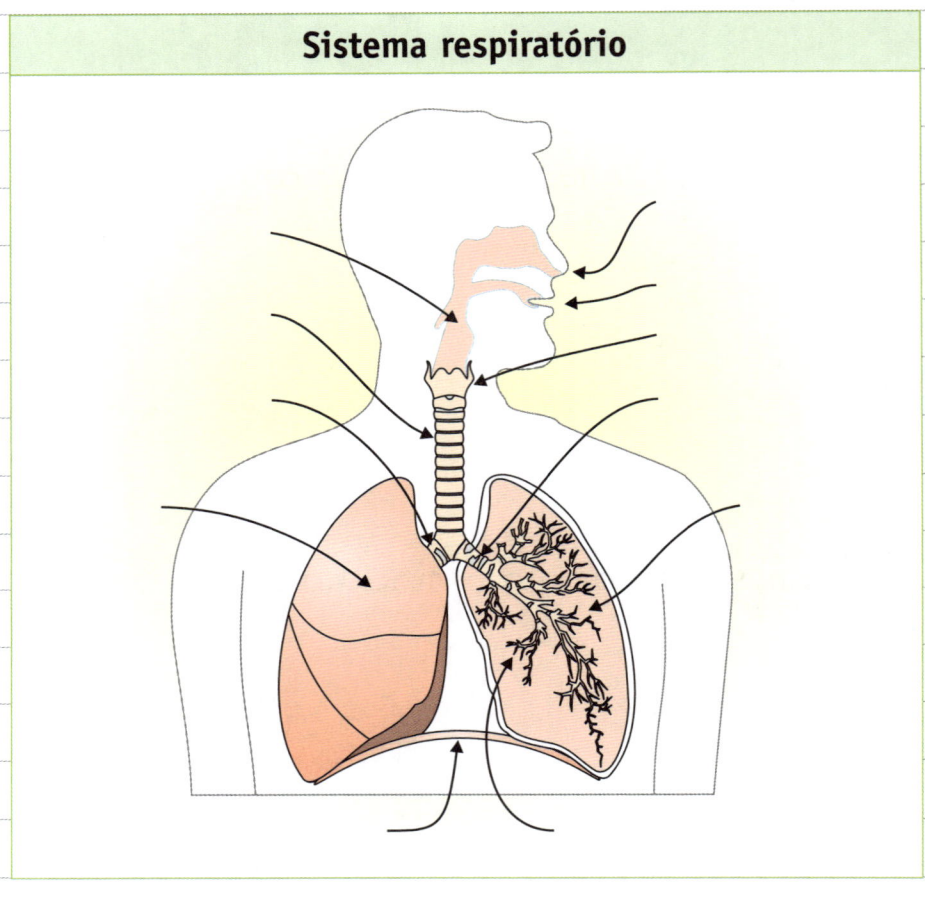

32. Que cuidados devemos ter com nosso sistema respiratório?

33. Indique na figura os órgãos que fazem parte do sistema respiratório:

Sistema respiratório

34. Que males a fumaça de cigarro, carro e indústrias causam à saúde?

Lembre que:

- **Sistema urinário** é o principal eliminador de excretas do nosso corpo.
  - **Rins:** dois órgãos situados na parte de trás do abdômen; possuem grande quantidade de vasos sanguíneos, que retiram do sangue os resíduos (excretas). Esses resíduos são levados pelo sangue aos rins, onde são filtrados e eliminados através da urina.
- **Vias urinárias:**
  - **Ureteres:** canais que saem de cada um dos rins e vão até a bexiga, transportando a urina.
  - **Bexiga:** espécie de bolsa onde a urina se acumula até ser eliminada.
  - **Uretra:** canal que conduz a urina da bexiga para fora do corpo.
- A urina é formada, basicamente, por água e resíduos.
- O sangue que é filtrado pelos rins continua circulando normalmente pelo corpo, mas agora com menos resíduos.

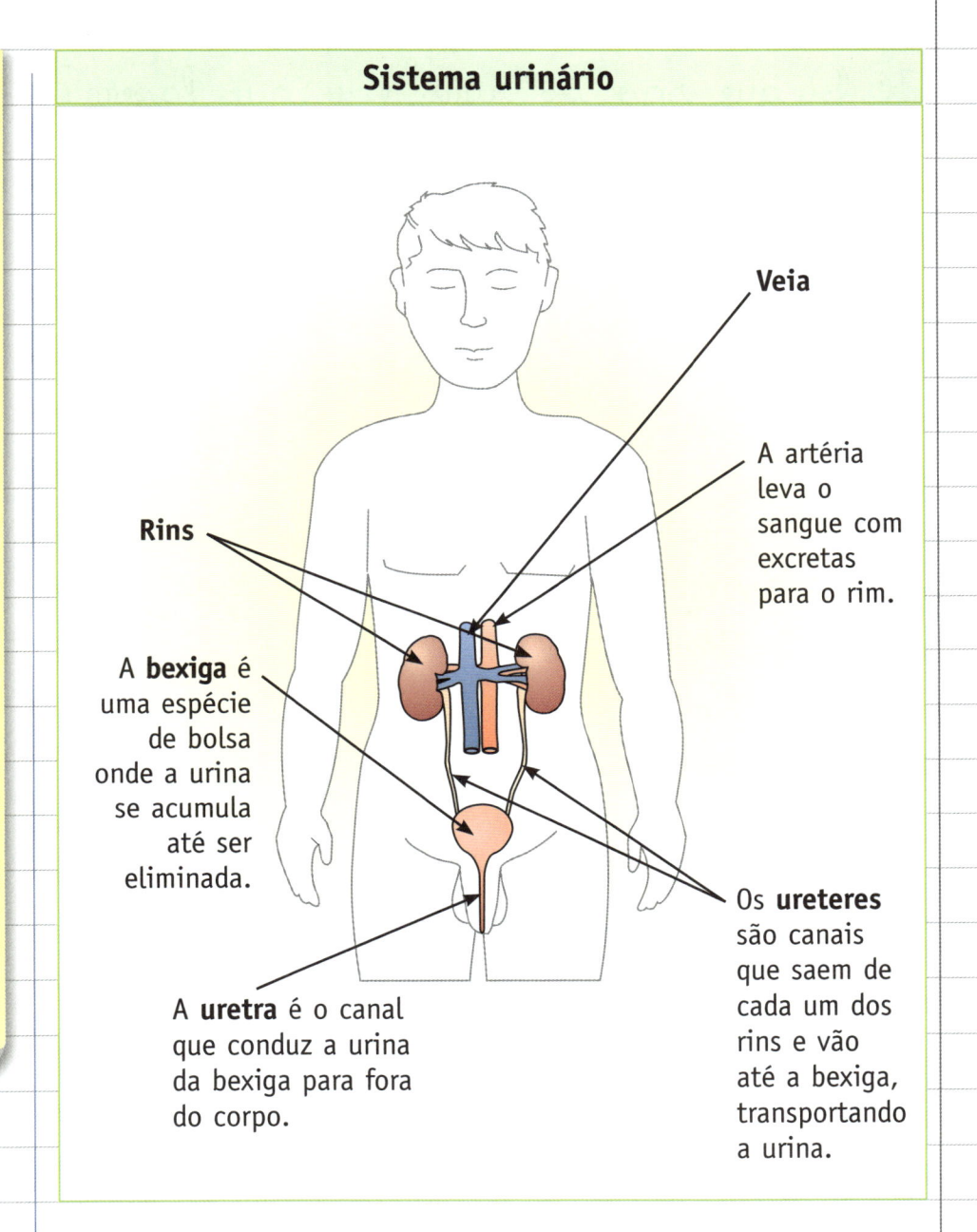

Sistema urinário

Rins

Veia

A artéria leva o sangue com excretas para o rim.

A **bexiga** é uma espécie de bolsa onde a urina se acumula até ser eliminada.

A **uretra** é o canal que conduz a urina da bexiga para fora do corpo.

Os **ureteres** são canais que saem de cada um dos rins e vão até a bexiga, transportando a urina.

35. O que é o sistema urinário?

36. O que são os rins e o que fazem?

37. Quais órgãos formam as vias urinárias?

38. Por onde a urina é eliminada do corpo?

39. O que é bexiga?

40. O que são os ureteres?

41. O que forma a urina?

42. Identifique e escreva os nomes dos órgãos do sistema urinário:

Sistema urinário

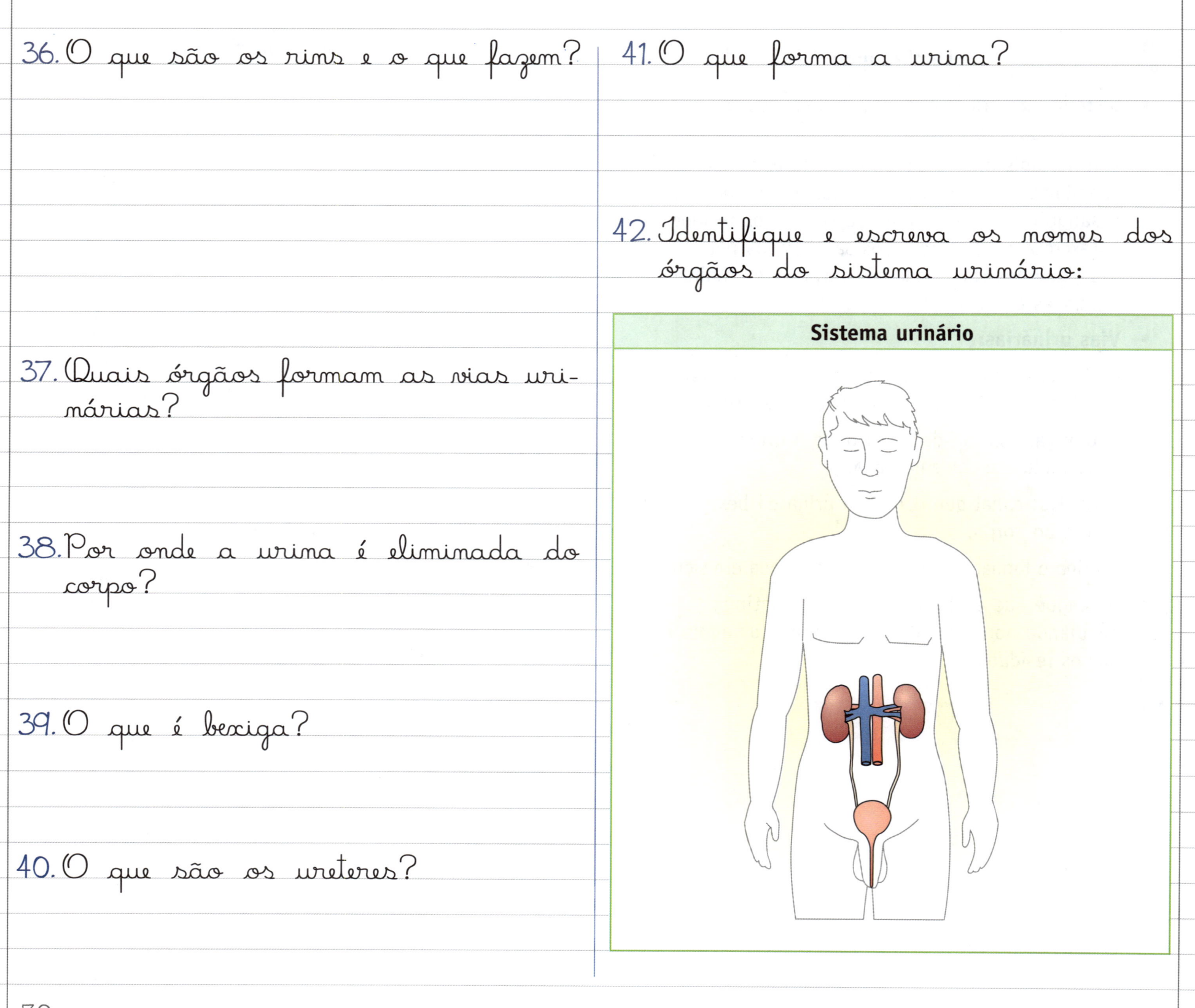

Lembre que:

- **Esqueleto:** conjunto de ossos (mais de 200) que sustenta o nosso corpo e auxilia os músculos nos movimentos.
- **Crânio:** caixa óssea acima das vértebras que protege o encéfalo.
- **Coluna vertebral:** liga as várias partes do corpo. É formada por uma sequência de ossos (vértebras), que possibilitam ao corpo movimentar-se em todas as direções.
- **Costelas:** ossos que partem das vértebras torácicas e se unem, na frente do tórax, a um osso chato e largo (esterno). Formam a caixa torácica, que protege o coração e os pulmões.
- **Pélvis** (ou bacia): formada por ossos grandes e largos, que ligam os membros inferiores à coluna.
- **Articulação:** encontro de dois ossos.
- **Músculos:** permitem que os ossos se movimentem; auxiliam o movimento de outros órgãos, como, por exemplo, o coração e o estômago.

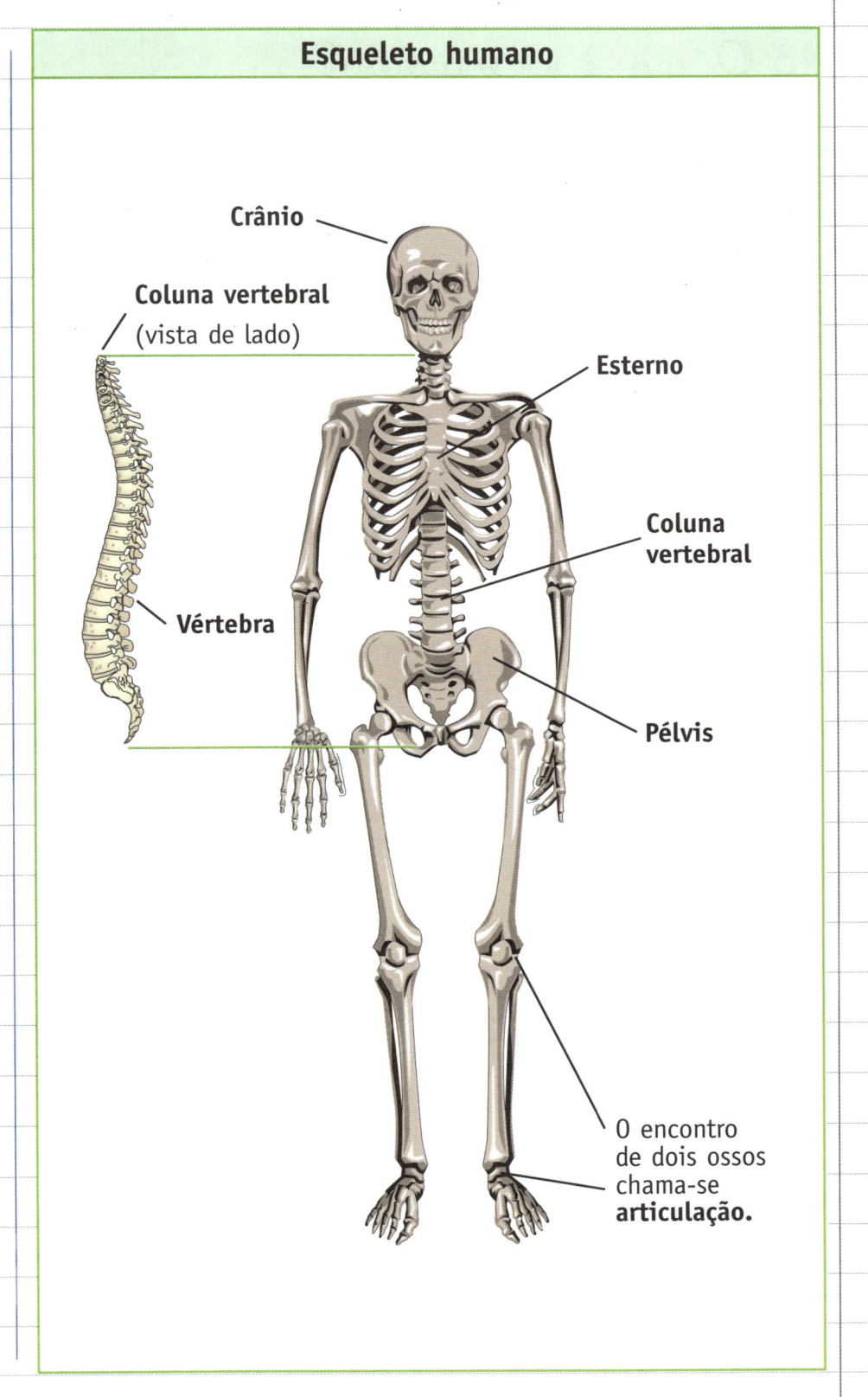

Esqueleto humano

- Crânio
- Coluna vertebral (vista de lado)
- Esterno
- Coluna vertebral
- Vértebra
- Pélvis
- O encontro de dois ossos chama-se **articulação.**

43. O que é o esqueleto?

44. Qual é a função do esqueleto? De quantos ossos é formado?

45. Como se chama o encontro de dois ou mais ossos?

46. O que é a coluna vertebral? Como é formada?

47. Descreva as costelas:

48. O que é o crânio?

49. O que é a pélvis?

50. Qual é a função dos músculos?

BLOCO 8

CONTEÚDOS:
- Origem dos alimentos
- Função dos alimentos
- Vitaminas
- A importância da alimentação
- A conservação dos alimentos
- Os alimentos e a saúde

Lembre que:
- Os alimentos permitem o crescimento, protegem nosso corpo contra as doenças e nos fornecem energia para a realização das mais diversas atividades.
- Os alimentos podem ser de **origem vegetal**, **animal** e **mineral**.

Alimentos de origem	Exemplos
Vegetal	Frutas, verduras, legumes.
Animal	Carnes, ovos, leite e derivados.
Mineral	Sal, água.

Lembre que:
- De acordo com a função, os alimentos classificam-se em **construtores**, **energéticos** e **reguladores**.

Nutrientes	Função	Alimentos
Açúcares	Energética	Substâncias energéticas produzidas pelos vegetais. São encontradas na cana-de-açúcar; em cereais; no leite; e no amido das raízes, sementes e frutas.
Gorduras	Energética	São importantes reservas alimentares. Encontradas nos óleos e nas gorduras de origem animal ou vegetal.
Proteínas	Construtora	São substâncias que contribuem para a formação do nosso corpo. Os alimentos de origem animal e alguns vegetais, como a soja, são ricos em proteínas.
Vitaminas	Reguladora	Substâncias essenciais à nossa vida. Sua ausência na dieta alimentar provoca graves doenças. São encontradas nos alimentos de origem animal e vegetal.

Sais minerais	Reguladora	São tão importantes à nossa saúde como as vitaminas, porque também são responsáveis pelo desenvolvimento e funcionamento do organismo. Estão presentes no sal de cozinha, leite, peixe, fígado, amendoim.
Água	Reguladora	Está presente em todas as partes do nosso corpo, até nos ossos. É encontrada em todos os seres vivos.

Vitaminas	O que faz	Onde encontramos
A	Indispensável para a visão, o crescimento e a resistência contra doenças.	Leite, gema de ovo, queijo, manteiga, cenoura, alface.
B	Ajuda no crescimento. Auxilia na formação do sangue. Mantém saudáveis os olhos, os cabelos, as unhas e a pele.	Leite, gema de ovo, carne, miúdos, fermento, peixe, legumes, cereais, repolho, feijão.
C	Ajuda no combate de infecções. Aumenta a resistência contra doenças.	Laranja, limão, acerola, caju, tomate, legumes, batata, espinafre, pimentão.
D	Necessária para a formação dos ossos e dos dentes.	Gorduras de origem vegetal e animal (margarina, óleos, manteiga).
K	Ajuda na cicatrização dos ferimentos.	Verduras que são comidas cruas.

Lembre que:

- **Desnutrição:** ocorre quando o corpo não recebe os alimentos necessários, causando atraso no desenvolvimento físico e mental, principalmente das crianças.
- Alguns cuidados que devemos ter com a nossa alimentação:
  – Comer alimentos variados.
  – Preferir alimentos naturais.
  – Beber água filtrada ou fervida.
  – Beber leite fervido.
  – Evitar alimentos fritos.
  – Evitar balas e outras guloseimas.
  – Fazer as refeições nas horas certas.
  – Comer apenas o necessário.

1. De que origem são os alimentos que comemos?

2. Cite três alimentos que você come. Qual a origem deles?

3. Classifique os alimentos de acordo com a origem: animal, vegetal ou mineral:

a) peixe
b) manteiga
c) frutas
d) sal
e) verduras
f) carne
g) óleo de soja
h) ovos

4. O que são proteínas?

5. Dê exemplos de alimentos ricos em proteínas:

6. Onde são encontradas as vitaminas?

7. Que tipo de alimento fornece energia ao organismo?

8. Que tipo de vitamina contém cada alimento? Escreva ao lado.

a) leite
b) peixe
c) miúdos
d) tomate
e) manteiga
f) gema de ovo
g) laranja
h) cenoura

9. Onde encontramos a vitamina B? Qual é a sua importância?

10. Complete as frases:

   a) A vitamina D é necessária para a formação dos _____ e dos _____.

   b) As infecções são combatidas com o auxílio da vitamina _____.

   c) A vitamina _____ é indispensável para a visão.

11. Que nutrientes apresentam função reguladora?

12. Que vitamina ajuda na cicatrização dos ferimentos?

13. Cite alimentos ricos em vitamina A.

14. Que vitaminas são encontradas no leite e em seus derivados?

15. O que a desnutrição causa às crianças?

16. Quando ocorre o estado de desnutrição?

17. Que cuidados devemos tomar com a nossa alimentação?

18. Cite os alimentos que você come:

a) no café da manhã

b) no lanche da manhã

c) no almoço

d) no lanche da tarde

e) no jantar

19. Elabore um cardápio para café da manhã, almoço e jantar de acordo com o quadro de nutrientes:

café da manhã

almoço

jantar

Lembre que:

- A laranja embolora. O leite azeda (ou talha) quando é deixado fora da geladeira por um ou dois dias. A laranja embolorada e o leite azedo mudam de aspecto, cheiro e sabor. Essa transformação dos alimentos é provocada por seres microscópicos, como **bactérias** e **fungos**.

- Os alimentos onde os fungos e as bactérias se desenvolvem mudam de aspecto e de sabor. Muitas vezes o cheiro também é alterado.

- Para retardar a ação desses seres vivos sobre os alimentos são usados vários métodos.

Processo de formação	Características	Exemplos
Fermentação	Causada por microrganismos (bactérias e fungos). Os alimentos mudam de aspecto, cheiro e sabor.	Laranja embolorada, leite talhado (azedo).
Cozimento	Amolece certos alimentos, tornando-os mais fáceis de digerir. Mata os microrganismos que contaminam. Retarda a fermentação.	Leite fervido, carne.
Pasteurização	Mata os microrganismos que contaminam os alimentos por meio de aquecimento (por um tempo determinado) e resfriamento súbito.	Leite pasteurizado.
Desidratação	Retirada de água (ou secagem) de alimentos para que demorem para estragar. Dificulta o desenvolvimento de microrganismos.	Bacalhau seco.
Resfriamento e Congelamento	As temperaturas baixas retardam a decomposição dos alimentos.	Carne, peixe.

20. Explique o que é fermentação. Dê exemplos:

21. Dê o nome dos seres microscópicos que atuam na fermentação:

22. Para que se cozinham certos alimentos?

23. Como se chama o processo em que os microrganismos que contaminam os alimentos são mortos por meio de aquecimento e resfriamento?

24. Em que consiste a desidratação? Qual seu objetivo? Dê um exemplo:

25. Qual a função do congelamento?

26. Dê exemplos de alimentos que passam pelo processo de resfriamento e congelamento.

Lembre que:

- **Para manter uma boa saúde:**
  - Prefira os alimentos frescos aos alimentos em conserva.
  - Observe o prazo de validade dos alimentos.
  - Não compre alimentos enlatados que estejam com a embalagem amassada, enferrujada ou estufada.
  - Não coma alimentos embolorados.
  - Prefira os alimentos com menos conservantes.
  - Prefira os vegetais cultivados sem agrotóxicos.
  - Prefira os alimentos com menos gordura.
  - Coma muitos vegetais (verduras, legumes e frutas).

- **Cuidados no preparo dos alimentos:**
  - Lavar as mãos antes de mexer nos alimentos.
  - Lavar bem os alimentos, principalmente aqueles que são consumidos crus.
  - Só comer carnes bem fritas, assadas ou cozidas, principalmente a carne de porco.
  - Ferver o leite.
  - Utilizar água tratada ou fervida para lavar os alimentos e também no seu preparo.

- **Cuidados na conservação dos alimentos:**
  - Os alimentos devem ficar em locais limpos, secos, frescos e ventilados.
  - Conservar os alimentos perecíveis (que estragam rápido) na geladeira ou no congelador.
  - Manter os alimentos protegidos dos insetos, roedores e outros animais.

27. Cite dois cuidados com a alimentação para manter uma boa saúde:

28. Para manter uma boa saúde, devemos também ter cuidados no preparo dos alimentos. Cite alguns:

29. Responda:

a) Como devem ser guardados os alimentos?

b) Qual é o lugar apropriado para se guardar alimentos perecíveis (queijo, manteiga, iogurte, carne)?

c) Por que devemos ter cuidado também no preparo dos nossos alimentos?

30. Pesquise, discuta e responda:

a) Se a lata de um alimento em conserva estiver estufada, é sinal de quê?

b) Quando o pão de forma está embolorado, o que significa?

c) Por que é importante proteger os alimentos dos insetos, roedores e outros animais?

31. Coloque V para verdadeiro ou F para falso. Depois reescreva as questões falsas na forma correta:

a) ( ) **Não** coma alimentos cultivados com agrotóxicos.

b) ( ) Prefira alimentos que **não** tenham fibras.

c) ( ) **Não** coma poucos alimentos gordurosos.

d) ( ) **Não** se alimente de produtos embolorados.

e) ( ) **Não** compre alimentos enlatados que estejam com a embalagem amassada, enferrujada ou estufada.

32. Pesquise, recorte e cole figuras de alimentos naturais e alimentos industrializados:

Naturais	Industrializados

BLOCO 9

CONTEÚDOS:

- Poluição e saúde
- A água e seu tratamento
- O saneamento básico
- Energia elétrica
- Economizando energia elétrica e água

Lembre que:

- **Poluição** significa sujeira. Poluir é o mesmo que sujar.
- Para sua sobrevivência, o ser humano utiliza recursos naturais. O desenvolvimento das cidades, a fabricação de produtos e o aumento no consumo de bens (como carros) contribuem para a poluição do ar, do solo, das águas, enfim, do meio ambiente.
- As mudanças no ambiente afetam a vida das pessoas. Muitas dessas mudanças ocorrem naturalmente. Outras são provocadas pelas ações do ser humano. Muitas vezes, as mudanças causadas pelo ser humano são tão grandes que podem trazer consequências negativas para ele e para outros seres vivos.

Poluição	Formas/agentes	Danos à saúde/ao meio ambiente
da água	Esgoto: águas dos esgotos são despejadas nos rios sem o devido tratamento.	Febre tifoide, hepatite, cólera.
da água	Óleo: manchas se espalham pela superfície da água, impedindo que o oxigênio do ar se dissolva nela.	Dificulta a respiração dos seres vivos aquáticos.
da água	Indústrias: substância, resíduos tóxicos lançados nos rios formam uma espuma ácida.	Morte dos seres vivos aquáticos.
do solo	Lixos residencial e industrial depositados em aterros.	Contaminação do solo e das águas subterrâneas.
do solo	Agrotóxicos.	Contaminação do solo para agricultura.
do ar	– Fumaça das chaminés das indústrias. – Gases dos motores de carros, motos, ônibus e caminhões. – Poeira. – Inseticidas.	Doenças respiratórias (asma e bronquite), alergias e irritação nos olhos e na pele.
sonora	Exposição por muito tempo a sons altos.	Cansaço, irritabilidade nervosa e surdez.

83

1. O que é poluição?

2. Cite alguns agentes poluidores da água:

3. Troque os números pelas sílabas para formar palavras:

1	2	3	4	5	6
as	li	tó	tân	go	cas
7	8	9	10	11	12
es	subs	ci	xi	xo	to

Os agentes poluidores da água são:

a) 2 - 11

b) 7 - 5 - 12

c) 8 - 4 - 9 - 1   3 - 10 - 6

4. Cite algumas doenças às quais a população pode ficar exposta em virtude da poluição da água por esgoto:

5. Marque com um x somente as frases verdadeiras:

a) ( ) O lixo é uma das formas de poluição do solo.

b) ( ) O solo não é afetado pelas substâncias tóxicas nele colocadas.

c) ( ) Os agrotóxicos são usados na agricultura para combater as pragas, mas causam grave poluição.

6. Como se dá a poluição da água por óleo? O que ela causa ao meio ambiente?

7. O que pode causar o lixo residencial e o industrial depositados em aterros?

8. O que provoca a poluição do ar?

9. Como podemos evitar a poluição do ar?

10. Que danos à saúde a poluição do ar pode provocar?

11. Complete as frases com as palavras do quadro abaixo:

> surdez - sonora - saúde
> cansaço - irritabilidade nervosa

a) Poluição _____ é o excesso de ruído.
b) Ambientes barulhentos causam danos à _____.
c) Alguns efeitos da poluição sonora são _____, _____ e _____.

12. As frases a seguir indicam os tipos de poluição. Pinte os quadrinhos seguindo a legenda:

- 🟥 Poluição do ar
- 🟩 Poluição das águas
- 🟦 Poluição do solo
- 🟨 Poluição sonora

☐ Fumaça das chaminés da indústria.

☐ Lixo depositado a céu aberto.

☐ Resíduos lançados nas águas de um rio.

☐ Música alta durante muito tempo.

13. Pesquise, recorte e cole figuras que mostrem:

Poluição da água	Poluição do solo

Poluição do ar	Poluição sonora

Lembre que:

- **Água potável:** própria para beber; limpa, fresca, sem cheiro, sabor ou cor.

- **Água poluída:** contém substâncias químicas lançadas pelas fábricas, detritos e dejetos humanos (fezes e urina).

- **Água contaminada:** contém microrganismos causadores de doenças.

- **Tratamento da água:**

    - **caseiro:** filtração e/ou fervura e cloração;

    - **nas estações:** a água é retirada de rios ou represas por meio de bombas e é levada por tubos até uma estação de tratamento. Passa por um processo de limpeza e purificação, que consiste em retirar as impurezas, filtrar e acrescentar flúor (fortalece os dentes, evitando cáries) e cloro (mata os microrganismos).

- A água já tratada passa por tubulações até chegar às casas e, por isso, deve ser filtrada ou fervida antes de ser bebida.

Cuidados com a água	
Da parte	**Ações**
do governo	Criar serviços de saneamento básico, como rede de esgoto, tratamento e distribuição de água, coleta e tratamento do lixo, etc.
dos agricultores	Evitar o uso de agrotóxicos e inseticidas, que acabam contaminando as águas.
da população	Colaborar com a preservação dos mananciais de água. Não jogar lixo nos córregos.
das indústrias	Não lançar substâncias tóxicas nos rios, lagos, lagoas, etc.

14. Como deve ser a água própria para beber?

15. O que é água poluída?

16. Complete as frases com as palavras do quadro:

> filtração - fervura - poluída
> doenças - cloração - potável
> limpa - contaminada

a) A água que bebemos chama-se _____ e deve ser _____ e não transmitir _____.

b) O processo mais usado para o tratamento caseiro da água é a _____. Outros processos são a _____ e a _____.

c) Tanto a água _____ como a água _____ não podem ser bebidas.

17. Por onde a água passa, geralmente, antes de chegar às casas?

18. O que acontece com a água na estação de tratamento?

19. Como a água é distribuída às casas?

20. Por que devemos ferver ou filtrar a água tratada que chega às casas, antes de tomá-la?

21. Para que servem o cloro e o flúor?

22. Escreva os cuidados que cada um deve ter com a água:

a) o governo:

b) a população:

c) os agricultores:

d) as indústrias:

> **Lembre que:**
>
> - **Saneamento básico:** conjunto de medidas que garantem as condições de higiene de uma localidade, a fim de proteger a saúde da sua população.
>
> - Quem paga pelo saneamento básico são os cidadãos. O dinheiro é arrecadado pelos impostos e pela conta de água. Em algumas cidades já existe a taxa de lixo.
>
> - Medidas de saneamento básico:
>   – **Rede de esgoto:** o esgoto deve ser coletado em grandes tubulações e levado para estações de tratamento.
>   – Onde isso não é possível, devem ser construídas **fossas sépticas** que retêm o material sólido, enquanto a parte líquida se infiltra no solo. As fossas devem ficar afastadas dos poços, em terreno mais baixo, para evitar a contaminação da água.
>   – **Coleta de lixo:** o lixo deve ser posto em recipientes adequados e tampados. Onde não há coleta, o lixo deve ser enterrado ou queimado.
>   – **Reciclagem:** reaproveitamento de materiais como o papel, o plástico, os metais, os vidros etc. A reciclagem do lixo começa pela coleta seletiva.

23. Qual é a finalidade do saneamento básico? Quem paga por ele?

24. Cite algumas medidas de saneamento básico:

25. Pesquise e responda:

   a) Sua cidade dispõe de rede de esgoto?

   b) Dispõe de estação de tratamento de água?

   c) Dispõe de estação de tratamento de esgoto?

26. Como funciona uma estação de tratamento de esgoto?

27. Como deve ser coletado o esgoto das casas na cidade?

28. Qual deve ser o destino do esgoto onde não há rede de esgotos?

29. Em que lugar devem ficar as fossas em relação aos poços? Por quê?

CONSUMO CONSCIENTE E RECICLAGEM

Do lixo que descartamos muita coisa pode ser reciclada para ser reutilizada. Quando compramos um produto, precisamos ficar atentos à embalagem. O que pode ser reciclado vem indicado com o símbolo da reciclagem:

Por isso fique atento na hora de comprar. Se o produto tiver esse símbolo, significa que pode ser reciclado, caso contrário será jogado no lixo comum, contribuindo para o aumento do lixo.

30. Após a coleta onde deve ser colocado o lixo?

31. O que deve ser feito com o lixo onde não há coleta?

32. O que é reciclagem?

33. Que materiais podem ser reciclados?

34. Identifique se as frases são verdadeiras (V) ou falsas (F), depois corrija as afirmações falsas.

a) Lixo são os resíduos e restos do que o homem consome. ( )

b) Não é necessário pôr o lixo em recipientes adequados e tampados. ( )

c) Onde não há coleta, o lixo deve ser queimado ou enterrado. ( )

d) Uma solução inteligente para o lixo não é a reciclagem. ( )

35. Dê exemplos de materiais que podem ser depositados em cada lata de coleta seletiva:

VIDRO

PAPEL

PLÁSTICO

METAL

Lembre que:

- **Energia elétrica** pode ser gerada por:
  - usinas hidrelétricas (pelas quedas-d'água) que ao serem construídas podem: danificar ambientes em que vivem animais silvestres; impedir que os peixes subam a correnteza para desovar; e desalojar populações que vivem à margem de rios.
  - moinhos de vento, em regiões com ventos fortes e constantes (litoral nordestino), que possuem pás que se movimentam com a força do vento e esse movimento faz girar os motores. Não causam danos ambientais.

- O que fazer para evitar o desperdício de água e energia elétrica:
  - Não demorar muito no banho.
  - Escovar os dentes com a torneira fechada.
  - Não apertar a descarga do vaso sanitário sem necessidade.
  - Consertar rapidamente os vazamentos de água em casa.
  - Não deixar as luzes acesas à toa.
  - Não deixar aparelhos elétricos ligados sem necessidade.

36. Em que regiões a energia também pode ser gerada por moinhos de vento?

37. Como funcionam os moinhos de vento?

38. Que forma de gerar energia muitas vezes danifica o meio ambiente? Justifique sua resposta:

39. Cite o nome de uma usina hidrelétrica. Como é a região onde se localiza essa usina hidrelétrica?

40. Leia o quadro abaixo e copie apenas o que deve ser feito para evitar desperdício de água e energia elétrica:

- Escovar os dentes com a torneira fechada.
- Manter aparelhos elétricos ligados, mesmo sem usar.
- Não demorar muito no banho.
- Consertar os vazamentos de água assim que aparecerem.
- Manter apagadas as luzes quando não estiverem em uso.
- Apertar a descarga sem necessidade.

41. Quanto mais poluídos os rios, mais caros serão os custos de tratamento da água. Por quê?

42. Pesquise e responda:

De onde vem a água consumida na sua cidade?

43. Quantas estrelas você merece? Leia as questões abaixo e responda sim ou não:

	Sim	Não
1. Você escova os dentes com a torneira fechada?		
2. Você demora muito no banho?		
3. Você mantém as luzes apagadas quando não estão em uso?		
4. Você não deixa aparelhos elétricos ligados sem necessidade?		
5. Você aperta a descarga sem necessidade?		
6. Na sua casa os vazamentos de água são rapidamente consertados?		
7. Na sua casa a torneira fica fechada enquanto a louça é ensaboada?		
8. Na sua casa o quintal é lavado todos os dias?		
9. Você alerta seus colegas sobre a importância de evitar o desperdício de água e energia elétrica?		
10. Sua família sempre verifica se as torneiras estão gotejando?		

Já respondeu?
Então confira as respostas.
Para cada resposta certa, você ganha uma estrela. Veja a tabela com atenção.

	Sim	Não
1	★	
2		★
3	★	
4	★	
5		★
6	★	
7	★	
8		★
9	★	
10	★	

Se você ganhou de 7 a 10 estrelas, parabéns!

Se você ganhou 6 estrelas, está indo bem, mas precisa melhorar.

Se você ganhou menos de 6 estrelas, cuidado! Pode estar desperdiçando água e energia elétrica.

44. Se você trocar os números do quadro 1 pelas letras do quadro 2 você vai encontrar uma mensagem importante.

Quadro 1							
1	X	2	X	3	X	4	5
6	X	7	X	X	8	X	X
9	X	10	X	X	11	X	X
X	X	X	12	13	14	X	X
X	X	15	X	X	16	X	X
17	X	18	X	X	X	19	20
21	X	22	X	23	X	24	25
26	27	X	X	X	X	X	X

Quadro 2							
A	E	Á	B	G	S	U	A
É	T	U	K	L	M	I	E
B	N	E	P	Q	M	S	T
O	U	V	N	A	T	X	B
P	U	U	I	E	R	Z	Y
A	O	L	X	É	U	D	O
P	L	L	T	A	V	N	E
T	A	M	A	R	E	Z	A